AF628819

Bitcoin entdecken

Wie die Technologie hinter dem ersten knappen und dezentralisierten Geld funktioniert

Yan Pritzker

Bitcoin entdecken

WIE DIE TECHNOLOGIE HINTER DEM ERSTEN KNAPPEN UND DEZENTRALISIERTEN GELD FUNKTIONIERT

AUS DEM ENGLISCHEN ÜBERSETZT VON FABIO TROENDLE

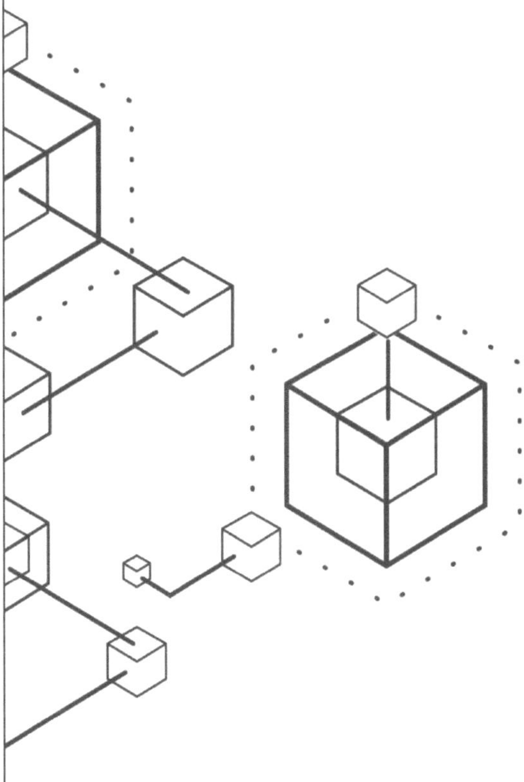

APRYCOT

YAN PRITZKER

Bleib' auf dem Laufenden auf inventingbitcoin.com und hol' dir die wichtigsten und informativsten deutschsprachigen Bücher zum Thema Bitcoin auf aprycot.media!

Copyright © 2020 by Yan Pritzker
Copyright © 2020 by Aprycot Media GmbH (deutsche Ausgabe)

Alle Rechte vorbehalten. Diese Übersetzung wurde von Aprycot Media GmbH unter Lizenz von Yan Pritzker veröffentlicht.
Kein Teil dieses Buches darf in irgendeiner Form oder mit irgendwelchen elektronischen oder mechanischen Mitteln, einschließlich Informationsspeicher- und -abfragesystemen, ohne schriftliche Genehmigung des Autors/Herausgebers reproduziert werden, mit Ausnahme der Verwendung von kurzen Zitaten in einer Buchrezension.
Haftungsbeschränkung/Ausschluss von Garantien: Obwohl Autor und Verlag bei der Erstellung dieses Buches alle Anstrengungen unternommen haben, geben sie keine Zusicherungen oder Gewährleistungen in Bezug auf die Richtigkeit oder Vollständigkeit des Inhalts dieses Buches und lehnen insbesondere alle stillschweigenden Gewährleistungen der Marktgängigkeit oder Eignung für einen bestimmten Zweck ab. Es kann keine Gewährleistung durch Handelsvertreter oder schriftliche Verkaufsunterlagen geschaffen oder erweitert werden. Die hierin enthaltenen Ratschläge und Strategien eignen sich möglicherweise nicht für Ihre persönliche Situation. Sie sollten sich gegebenenfalls an einen Fachmann wenden. Weder der Verlag noch der Autor haften für entgangene Gewinne oder andere kommerzielle Schäden, einschließlich aber nicht beschränkt auf besondere, zufällige, Folge- oder sonstige Schäden.

ISBN 978-3-9821095-3-4 (Print)
ISBN 978-3-9821095-4-1 (ePub)

Dieses Buch ist meinen Eltern Yury und Lana gewidmet, die unsere Familie aus der ehemaligen UdSSR herausschafften, einem autokratischen, sozialistischen Regime mit strengen Kapitalkontrollen.

Es ist auch meiner Frau Jessica gewidmet, die unter meiner Unfähigkeit zu leiden hatte, es nicht lassen zu können über Bitcoin zu sprechen und die etlichen Nächte ertrug, in denen ich bis spät in die Nacht wach blieb, um dieses Buch zu Ende zu schreiben.

Übersetzung: Fabio Troendle
Lektorat: Stefan Held, Claus Bertermann
Layout & Satz: Daniela Anna, Rheinfelden
Cover und Abbildungen: Copyright © 2019 by Nicholas Evans, sofern nicht anders angegeben
Druck und Bindung: CPI books GmbH, Leck
Verlag: Aprycot Media GmbH, Schwarzwaldstr. 61, 79539 Lörrach, Deutschland
Mail: info@aprycot.media

1. Auflage 2020
Aprycot Media – www.aprycot.media
X & Instagram: @aprycotmedia

1 2 (3) 4 5 6 7 8 9 10

Inhaltsverzeichnis

Einführung

Viele Menschen die zum ersten Mal von Bitcoin hören, neigen dazu, Meinungen zu entwickeln, bevor sie überhaupt versuchen, es zu verstehen. Es gibt zu dem Thema viel Lärm und Getöse da draußen, was leicht dazu führen kann, dass man in die Irre geführt wird bezüglich Bitcoin und seiner Funktionsweise. Bis vor drei Jahren war ich selbst einer dieser Menschen.

Warum habe ich mich entschieden, dieses Buch zu schreiben? Ich habe die letzten zwanzig Jahre damit verbracht, Technologie-Start-ups aufzubauen. Ich tauche jeden Tag in neue Technologien ein, und ich bin ziemlich gut darin, Dinge herauszufinden. Trotzdem hat es fünf Jahre gedauert, vom ersten Hören über Bitcoin bis zu dem Tag an dem ich mich tatsächlich hingesetzt habe, um zu versuchen, die Technologie dahinter zu verstehen. Ich habe das Gefühl, dass ich nicht der Einzige bin, der ein wenig Hilfe brauchen könnte, um diese potenziell weltbewegende Innovation zu verstehen.

Ich hörte das erste Mal von Bitcoin im Jahr 2011 auf slashdot.org, einer Nachrichtenseite für Nerds. Damals war der Bitcoin-Preis in die Höhe geschossen und erreichte das Hoch einer massiven Spekulationsblase von etwa 30 $ pro

Coin. Alles was ich wusste war, dass einige Leute im Internet versuchten, eine Art Peer-to-Peer-Zahlungssystem zu starten. Da ich nicht die geringste Ahnung hatte, worum es dabei ging, oder wie es funktionierte, geschweige denn überhaupt etwas über Investitionen und Marktzyklen wusste, beschloss ich, dass ich ein paar dieser Coins kaufen sollte, nur für den Fall, dass es sich als etwas Wichtiges erweisen sollte. Ich musste dafür eine schrecklich aussehende Website namens Mt. Gox benutzen. Diese Dollar-zu-Bitcoin-Börse sollte sich wenig später als insolvent herausstellen.

Ich sah zu, wie mein Investment langsam auf fast nichts zusammenschrumpfte, als der Preis von 30 $ auf 2 $ abstürzte. Irgendwann vergaß ich das Ganze völlig und machte mit meinem Leben weiter, indem ich an Start-ups arbeitete. Ich weiß nicht einmal, was mit diesen Coins passierte. Wahrscheinlich sind die kryptographischen Schlüssel dazu auf einer Festplatte eines alten Laptops gespeichert, der irgendwo auf einer Müllhalde liegt.

Erst im Jahr 2013 hörte ich wieder davon. Diesmal war der Lärm in den Medien lauter, und jetzt war das Kauferlebnis viel angenehmer und raffinierter. Es gab Apps wie Coinbase, die völlig seriös aussahen. Das war eine deutliche Verbesserung gegenüber den Tagen von Mt. Gox. Es schien mir, dass Bitcoin wirklich etwas Besonderes sein könnte.

Nur für den Fall, dass dies so sein könnte, und erneut ohne die geringste Ahnung, kaufte ich auf dem Höhepunkt der Blase (etwa 1.000 $ pro Coin) und sah zu, wie meine Investition dezimiert wurde, als der Preis auf etwa 200 $ fiel. Diesmal dachte ich mir, dass es nicht genug Geld war, um mich mit dem Verkauf zu beschäftigen, also ließ ich es sein und ignorierte es einfach, da ich knietief im Aufbau meines nächsten Start-ups steckte: Reverb.com.

In den nächsten vier Jahren wuchs Reverb rasant und wurde zur Nummer-Eins-Plattform für Musiker. Ich bot der Welt etwas Neues und brachte die Musik zu den Menschen. Zudem war ich der CTO eines aufregenden, schnell wachsenden Tech-Unternehmens, das etwas tat, das mir sehr am Herzen lag, und ich hatte keine Zeit für albernes Internet-Geld.

Peinlich berührt muss ich heute zugeben, dass ich erst im Sommer 2016 mein erstes Video von Andreas Antonopoulos gesehen habe, was mich schließlich dazu zwang, mich hinzusetzen und aufzupassen. Ich begann Fragen zu stellen. Woher kommt Bitcoin? Wer kontrolliert es? Wie funktioniert es? Was ist Mining? Welche Auswirkungen hat Bitcoin auf die Welt? Ich habe angefangen, alles zu lesen, was ich in die Hände bekommen konnte, und habe eineinhalb Jahre lang täglich stundenlang Podcasts und Videos gehört.

Schließlich beschloss ich Anfang 2018, kurz nachdem Bitcoin mit rund 20.000 $ pro Coin ein weiteres Allzeit-Hoch erreicht hatte, Reverb zu verlassen, um auf jede erdenkliche Art und Weise dazu beizutragen, Bitcoin der Welt näher zu bringen. Man kann sich nun fragen, warum ich mein überaus erfolgreiches Startup verlassen habe, um an Bitcoin zu arbeiten? Ganz einfach: weil ich überzeugt bin, dass die Erfindung von Bitcoin eine Chance ist, wie es sie nur einmal im Leben gibt; vielleicht sogar nur einmal in mehreren Generationen.

Wenn Bitcoin Erfolg hat, könnte es sich als ebenso wichtig erweisen wie die Druckmaschine (dezentralisierte Produktion von Informationen), das Internet (dezentralisierte Inhalte und Kommunikation) und die drei Säulen der Gewaltenteilung (dezentralisierte Regierung). Ich hoffe, dass du, wenn du erst einmal verstehst wie Bitcoin funktioniert, begreifen wirst, wie sich diese Technologie als eine Kraft für das Gute in der Welt erweisen kann. Bitcoin wird die Produktion und den Konsum von Geld dezentralisieren, was der Schlüssel zur Erschließung neuer Möglichkeiten der Zusammenarbeit der Menschheit in einem bisher unvorstellbaren Ausmaß ist.

In den Medien wird vor allem über den Preis von Bitcoin berichtet. An einem Tag geht er auf eine Million Dollar, und am nächsten Tag ist er in einer Todesspirale, die gen Null geht. Entweder das oder Bitcoin wird die gesamte Energie der Welt verbrauchen und den Planeten innerhalb von zehn Jahren zerstören. Natürlich ist das falsch, und hoffentlich wirst du verstehen, warum, wenn du erst einmal weißt, wie es funktioniert. Du wirst dann auch verstehen, warum platzende Preisblasen eines der uninteressantesten Dinge an Bitcoin sind.

Mein Ziel mit diesem Buch ist es nicht, die Ökonomie von Bitcoin und solides Geld zu analysieren, obwohl wir diese Konzepte kurz streifen werden. Ich werde Bitcoin auch nicht vom Standpunkt des Investierens aus betrachten oder versuchen, dich davon zu überzeugen, dass jeder ein wenig davon besitzen sollte. Als unmittelbare Fortsetzung dieses Buches würde ich dir wärmstens Der Bitcoin-Standard von Saifedean Ammous empfehlen, falls du es noch nicht gelesen hast.

Wir werden uns auch nicht in irgendeinem Computercode vergraben, und es ist kein Informatik-Hintergrund erforderlich, um dieses Buch zu verstehen. Wenn du Bitcoin durch diese Linse betrachten möchtest, empfehle ich, das bahnbrechende Mastering Bitcoin von Andreas Antonopoulos und das neu veröffentlichte Programming Bitcoin von Jimmy Song zu lesen.

Für mich war es ein tiefgreifender Moment, all die Dinge zu verstehen, die zusammenkommen mussten, damit Bitcoin überhaupt funktioniert. Ich hoffe, dass ich dieses Wissen in diesem Buch in einem kurzen, einfachen Format mit dir teilen kann. Mein Ziel ist es heute, dein Gehirn ein wenig zu kitzeln und dir einen Vorgeschmack auf die Computerwissenschaft, Wirtschaft und Spieltheorie zu geben, die Bitcoin zu einer der interessantesten und tiefgründigsten Erfindungen unserer Zeit machen. Wenn du die Funktionsweise von Bitcoin verstehst, hoffe ich, dass du, wie ich es getan habe, feststellen wirst, dass Bitcoin viel tiefgründiger ist, als es zunächst den Anschein hat, und einen unglaublichen Einfluss auf die Welt für viele künftige Generationen haben kann.

Schritt für Schritt werden wir alle wesentlichen Aspekte beleuchten. Mit nichts als einem mathematischen Vorwissen auf Schulniveau werden wir nach und nach Bitcoin entdecken. Ich hoffe, dass dir dieses Buch gerade genug Einführung gibt, damit du dich motiviert fühlst, dich weiter in das Bitcoin-Universum zu vertiefen. Fangen wir an!

1 | Was ist Bitcoin?

Bitcoin ist ein *elektronisches Peer-to-Peer-Bargeld,* eine neue Form von digitalem Geld, das zwischen Menschen oder Computern ohne einen vertrauenswürdigen Mittelsmann (wie etwa einer Bank) übertragen werden kann und dessen Emission nicht unter der Kontrolle einer einzelnen, zentralen Institution steht.

Denke an einen Papiergeld-Schein oder eine physische Metallmünze. Wenn du dieses Geld an eine andere Person weitergibst, muss diese nicht wissen, wer du bist. Sie muss nur darauf vertrauen, dass das Geld, das sie von dir bekommt, keine Fälschung ist. Normalerweise tun Menschen dies mit physischem Geld, indem sie nur ihre Augen und Finger benutzen, oder bei größeren Mengen mit speziellen Testgeräten.

Da wir uns in eine digitale Gesellschaft verwandelt haben, werden die meisten unserer Zahlungen jetzt über das Internet mittels eines Zwischenhändlers vorgenommen: ein Kreditkartenunternehmen wie Visa, ein Anbieter digitaler Zahlungen wie PayPal oder Apple Pay, oder eine Online-Plattform wie WeChat in China.

Die Bewegung hin zu digitalen Zahlungen bringt die Abhängigkeit von einem zentralen Akteur mit sich, der jede Zahlung genehmigen und überprüfen muss. Der Grund dafür ist, dass sich das uns bekannte Geld von einer physischen Sache, die man selbst tragen, übertragen und überprüfen kann, zu digitalen Bits gewandelt hat. Diese Bits müssen von einer dritten Partei, die ihre Übertragung kontrolliert, gespeichert und überprüft werden.

Indem wir unser Bargeld zugunsten einer bequemen digitalen Zahlungsweise aufgeben, schaffen wir zugleich ein System, in dem wir denen, die uns zu unterdrücken versuchen würden, außerordentliche Macht verleihen. Digitale Zahlungsplattformen sind zur Grundlage dystopischer, autoritärer Kontrollsysteme geworden, wie sie die chinesische Regierung benutzt, um Andersdenkende zu überwachen und Bürger, deren Verhalten ihnen nicht gefällt, daran zu hindern, Waren und Dienstleistungen zu kaufen.

Bitcoin bietet eine Alternative zu zentral kontrolliertem digitalen Geld mit einem System, das uns die Person-zu-Person-Natur des Bargeldes zurückgibt, aber in digitaler Form:

1. Ein digitaler Vermögenswert, dessen Angebot begrenzt, im Voraus bekannt und unveränderlich ist. Dies steht in krassem Gegensatz zu den von Regierungen und Zentralbanken ausgegebenen Papierwährungen und den entsprechenden digitalen Versionen, deren Menge in unvorhersehbarer Weise ausgeweitet werden kann.

2. Ein Haufen miteinander verbundener Computer (das *Bitcoin-Netzwerk*), dem jeder beitreten kann, indem er eine Software laufen lässt. Dieses Netzwerk dient dazu, neue Bitcoins zu erschaffen, ihre Besitzverhältnisse zu verfolgen und sie zwischen den Teilnehmern zu transferieren, ohne sich auf Mittelsmänner wie Banken, Zahlungsunternehmen und Regierungsbehörden verlassen zu müssen.

3. Die Bitcoin-Client-Software, ein Stück Code, das jeder auf seinem Computer ausführen kann, um Teilnehmer des Netzwerks zu werden. Diese Software ist quelloffen, was bedeutet, dass jeder sehen kann, wie sie funktioniert, und dass jeder neue Funktionen und Fehlerbehebungen zu ihr beitragen kann.

Bitcoin ist ein Netzwerk von Computern, auf denen die Bitcoin-Client-Software läuft.

Auf die Motive hinter Bitcoins Entstehung gehen wir im nächsten Abschnitt ein.

Woher kommt Bitcoin?

Bitcoin wurde von einer Person oder Gruppe, die unter dem Pseudonym Satoshi Nakamoto bekannt ist, um das Jahr 2008 herum entwickelt. Niemand kennt die Identität dieser Person oder Gruppe, und soweit wir wissen, ist/sind er/sie verschwunden und man hat seit Jahren nichts mehr von ihm/ihr/ihnen gehört.

Am 11. Februar 2009 schrieb Satoshi einen Artikel über eine frühe Version von Bitcoin in einem Online-Forum für *Cypherpunks,* also Menschen, die an Kryptographie-Technologie arbeiten und sich mit der Privatsphäre und Freiheit des Einzelnen beschäftigen. Dies ist zwar nicht die erste offizielle

Ankündigung der Veröffentlichung von Bitcoin, aber sie enthält eine gute Zusammenfassung von Satoshis Beweggründen, sodass wir sie als Grundlage für unsere Diskussion verwenden werden.

Die relevanten Ausschnitte sind unten aufgeführt. Im nachfolgenden Abschnitt werden wir einige dieser Aussagen durchgehen und versuchen zu verstehen, welche Probleme des gegenwärtigen Finanzsystems Satoshi gelöst hat:

> *Ich habe ein neues Open-Source-P2P-E-Cash-System namens Bitcoin entwickelt. Es ist vollständig dezentralisiert, ohne zentralen Server oder Parteien, denen vertraut werden muss, weil alles auf kryptografischen Nachweisen statt auf Vertrauen basiert. [...]*
>
> *Das Grundproblem der herkömmlichen Währungen ist das Vertrauen, das für ihre Funktionsfähigkeit erforderlich ist. Man muss darauf vertrauen, dass die Zentralbank nicht die Währung abwertet, aber die Geschichte der Fiat-Währungen ist voll von diesen Vertrauensbrüchen. Man muss darauf vertrauen, dass die Banken unser Geld aufbewahren und elektronisch überweisen, aber stattdessen verleihen sie es in mehreren Wellen von Kreditblasen mit einem Bruchteil an Reserven. Wir müssen ihnen unsere privaten Daten anvertrauen, und auch darauf vertrauen, dass sie nicht zulassen, dass Identitätsdiebe unsere Konten leerräumen. Ihre massiven Betriebskosten machen Zahlungen von Kleinstbeträgen (Micro Payments) unmöglich.*
>
> *Vor etwa einer Generation hatten Multi-User-Time-Sharing-Computersysteme ein ähnliches Problem. Vor der starken Verschlüsselungstechnik mussten sich die Benutzer auf den Passwortschutz verlassen, um ihre Dateien zu sichern [...]*
> *Dann wurde eine leistungsstarke Verschlüsselung für die Massen verfügbar, und Vertrauen war nicht mehr erforderlich. Daten konnten auf eine Art und Weise gesichert werden, die es anderen physisch*

unmöglich machte, auf sie zuzugreifen, egal aus welchem Grund, egal wie gut die Ausrede ist, egal wie wichtig das Anliegen.

Es ist Zeit, dass uns Geld dasselbe bietet. Mit einer E-Währung, die auf einem kryptografischen Nachweis basiert, ohne dass man einem dritten Zwischenhändler vertrauen muss, kann Geld sicher und Transaktionen mühelos durchgeführt werden. […]

Die Lösung von Bitcoin ist die Verwendung eines Peer-to-Peer-Netzwerks zur Überprüfung von Doppelausgaben. Kurz gesagt, das Netzwerk funktioniert wie ein verteilter Zeitstempel-Server, der die erste Transaktion zur Ausgabe eines Coins stempelt. Es macht sich die Natur der Information zunutze, die leicht zu verbreiten, aber schwer zu unterbinden ist. Einzelheiten zur Funktionsweise finden Sie im Konzeptpapier unter http://www.bitcoin.org/bitcoin.pdf

— Satoshi Nakamoto

Welche Probleme löst Bitcoin?

Lasst uns einige von Satoshis Beiträgen aufschlüsseln. Im gesamten Buch werden wir behandeln, wie diese Konzepte tatsächlich umgesetzt wurden. Keine Sorge, wenn sich etwas in diesem Abschnitt zunächst ungewohnt anhört, denn wir werden später ausführlich darauf eingehen. Die Idee dabei ist, Satoshis Ziele zu erkennen, damit wir sie erreichen können, während wir Bitcoin entdecken.

Ich habe ein neues Open-Source-P2P-E-Cash-System entwickelt

P2P steht für *Peer-to-Peer* und bezeichnet ein System, in dem eine Person mit einer anderen Person als gleichberechtigte Peers, interagieren kann, ohne jemanden dazwischen zu haben. Du erinnerst dich vielleicht an

P2P-Filesharing-Technologien wie Napster, Kazaa und BitTorrent, die es den Menschen erstmals ermöglichten, Musik und Filme ohne einen Mittelsmann miteinander zu teilen. Satoshi hat Bitcoin so konzipiert, dass die Menschen *e-Cash,* also elektronisches Bargeld, austauschen können, ohne einen Zwischenhändler in Anspruch nehmen zu müssen.

Die Software ist *Open Source,* was bedeutet, dass jeder sehen kann, wie sie funktioniert und zu ihrer Weiterentwicklung und Verbesserung beitragen kann. Dies ist wichtig, da es die Anforderung, Satoshi zu vertrauen, aufhebt. Wir müssen nichts glauben, was Satoshi in seinem Beitrag über die Funktionsweise der Software geschrieben hat. Wir können uns den Code ansehen und selbst überprüfen, wie er funktioniert. Außerdem können wir die Funktionalität des Systems durch Änderung des Codes weiterentwickeln.

> *Es ist vollständig dezentralisiert, ohne zentralen Server oder Parteien, denen vertraut werden muss, ...*

Satoshi erwähnt, dass das System *dezentral* ist, um es von Systemen zu unterscheiden, die zentral gesteuert werden. Frühere Versuche, digitales Bargeld zu schaffen, wie das DigiCash von David Chaum, wurden von einem *zentralen Server* unterstützt, einem Computer oder einer Reihe von Computern, der bzw. die für die Veranlassung und Überprüfung der Zahlungen verantwortlich waren und unter der Kontrolle eines Unternehmens standen.

Solche zentral gesteuerten privaten Geldsysteme waren zum Scheitern verurteilt; die Menschen können sich nicht auf ein Geld verlassen, welches verschwinden kann, wenn die Firma pleite geht, gehackt wird, einen Serverabsturz erleidet oder von der Regierung stillgelegt wird.

Bitcoin hingegen wird nicht von einem einzelnen Unternehmen geführt und kontrolliert, sondern von einem Netzwerk von Einzelpersonen und Unternehmen auf der ganzen Welt. Um Bitcoin abzuschalten, müssten Zehn- bis Hunderttausende von Computern auf der ganzen Welt heruntergefahren werden, viele davon an unbekannten Orten. Es wäre eine hoffnungslose Version von Whack-A-Mole, da jeder Angriff dieser Art einfach die Schaffung neuer Bitcoin-Nodes oder Computer im Netzwerk fördern würde.

..., weil alles auf kryptografischen Nachweisen statt auf Vertrauen basiert

Das Internet und die meisten modernen Computersysteme basieren auf der Kryptographie, einer Methode zur Verschlüsselung von Informationen, so dass nur der Empfänger der Informationen diese entschlüsseln kann. Wie kann Bitcoin das Erfordernis des *Vertrauens* eliminieren? Wir werden später in diesem Buch darauf eingehen, aber die Grundidee ist, dass wir, anstatt jemandem zu vertrauen, der sagt "Ich bin Alice" oder "Ich habe 10 € auf meinem Konto", kryptografische Mathematik verwenden können, um die gleichen Fakten auf eine Art und Weise anzugeben, die vom Empfänger des Beweises sehr leicht zu verifizieren, aber vom Versender unmöglich zu fälschen sind. Bitcoin verwendet im gesamten Design kryptografische Mathematik, um den Teilnehmern die Überprüfung des Verhaltens von allen anderen zu ermöglichen, ohne einer zentralen Partei zu vertrauen.

> *Wir müssen ihnen (den Banken) unsere privaten Daten anvertrauen, und auch darauf vertrauen, dass sie nicht zulassen, dass Identitätsdiebe unsere Konten leerräumen*

Anders als bei der Verwendung unseres Bankkontos, eines digitalen Zahlungssystems oder einer Kreditkarte, können mit Bitcoin zwei Parteien Transaktionen durchführen, ohne dass sie persönliche Daten preisgeben müssen. Zentralisierte Datenbanken für Verbraucherdaten, die bei Banken, Kreditkartenunternehmen, Zahlungsabwicklern und Regierungen gespeichert sind, stellen riesige Honeypots für Hacker dar. Als ob man einen Nachweis für Satoshis Standpunkt liefern wollte, wurde Equifax im Jahr 2017 massiv kompromittiert, indem die Identitäten und Finanzdaten von mehr als 140 Millionen Menschen in die Hände von Hackern fielen.

Bitcoin entkoppelt finanzielle Transaktionen von den Identitäten der realen Welt. Schließlich muss derjenige, der von uns physisches Bargeld erhält, auch nicht wissen, wer wir sind, und wir müssen auch nicht befürchten, dass er nach unserem Austausch einige Informationen, die wir ihm gegeben haben, nutzen kann, um mehr von unserem Geld zu stehlen. Warum sollten wir also nicht dasselbe oder sogar Besseres von digitalem Geld erwarten?

> *Man muss darauf vertrauen, dass die Zentralbank die Währung nicht abwertet, aber die Geschichte der Fiat-Währungen ist voll von diesen Vertrauensbrüchen*

Fiat, ist Latein und bedeutet "Es geschehe/Es werde", und bezieht sich auf die von der Regierung und der Zentralbank ausgegebene Währung, die von der Regierung als gesetzliches Zahlungsmittel deklariert wird. Historisch gesehen wurde Geld aus Dingen geschaffen, die schwer herzustellen, leicht zu überprüfen und möglichst leicht zu transportieren waren, wie z.B. Muscheln, Glasperlen, Silber und Gold. Jedes Mal, wenn etwas als Geld benutzt wurde, war die Versuchung groß, mehr davon zu schaffen. Wenn jemand mit überlegener Technologie kam, um schnell viel von diesem Gut zu schaffen, verlor das Gut an Wert. Auf diese Weise konnten europäische Siedler den afrikanischen Kontinent seines Reichtums berauben, indem sie mit für sie leicht zu produzierenden Glasperlen handelten, die sie gegen schwer zu reproduzierende menschliche Sklaven tauschten. Deshalb wurde Gold so lange als gutes, solides Geld betrachtet, denn es war schwierig, schnell mehr davon zu produzieren.[1]

Im Lauf der Zeit haben wir uns jedoch langsam von einer Weltwirtschaft, die Gold als Geld benutzte, zu einer Wirtschaft entwickelt, in der Papierzertifikate als Anspruch auf dieses Gold ausgegeben wurden. Schließlich wurde das Papiergeld von Nixon, der 1971 die internationale Konvertibilität des US-Dollars in Gold beendete, vollständig von jeglicher physischen Sicherung getrennt.

Das Ende des Goldstandards erlaubte es den Regierungen und Zentralbanken, die Geldmenge nach Belieben zu erhöhen und den Wert jeder im Umlauf befindlichen Banknote zu verwässern, was gemeinhin als *Entwertung* bezeichnet wird. Obwohl es sich bei der von der Regierung ausgegebenen, gegen nichts einlösbaren, reinen Fiat-Währung um das Geld handelt, das wir alle kennen und tagtäglich verwenden, ist es eigentlich ein relativ neues Experiment im Rahmen der bisherigen Weltgeschichte.

Wir müssen darauf vertrauen, dass unsere Regierungen ihre Druckerpressen nicht missbrauchen, aber man muss nicht lange nach *Beispielen für einen Vertrauensbruch* suchen. In autokratischen und zentral geplanten Regimen, in denen die Regierung ihren Finger direkt auf der Geldmaschine hat, wie in Venezuela, ist die Währung faktisch wertlos geworden. Der venezolanische Bolivar ist von 2 Bolivar pro US-Dollar im Jahr 2009 auf 250.000 Bolivar pro US-Dollar im Jahr 2019 gefallen. Während ich dieses Buch schreibe, befindet sich Venezuela aufgrund der schrecklichen Misswirtschaft seiner Regierung in einem Prozess des unausweichlichen Zusammenbruchs.

Satoshi wollte eine Alternative zu *Fiat-Währungen* anbieten, deren Angebot jederzeit unvorhersehbar ausgeweitet werden kann. Um eine *Entwertung* zu verhindern, entwarf Satoshi ein Geldsystem, bei dem das Angebot festgelegt und zu einem vorhersehbaren und unveränderlichen Prozentsatz ausgegeben wird. Es wird niemals mehr als 21 Millionen Bitcoins geben, wobei jeder Bitcoin in 100 Millionen Einheiten unterteilt werden kann, die heute Satoshis genannt werden, so dass um das Jahr 2140 insgesamt 2,1 Billiarden Satoshis im Umlauf sein werden.

Vor Bitcoin war es nicht möglich, die unendliche Reproduktion eines digitalen Assets zu verhindern. Es ist billig und einfach, ein digitales Buch, eine Audiodatei oder ein Video zu kopieren und an einen Freund zu senden. Die einzige Ausnahme bilden digitale Assets, die von Zwischenhändlern kontrolliert werden. Wenn du zum Beispiel einen Film von iTunes ausleihst, kannst du ihn nur auf deinem Gerät anschauen, weil iTunes die Lieferung des Films steuert und ihn nach der Leihfrist stoppen kann. In ähnlicher Weise wird auch dein digitales Geld von deiner Bank kontrolliert. Es ist die Aufgabe der Bank, aufzuzeichnen, wie viel Geld man besitzt, und wenn man es an eine andere Person überweist, kann diese eine solche Überweisung genehmigen oder ablehnen.

Bitcoin ist das erste digitale System, das Knappheit ohne Mittelsmänner durchsetzt, und das erste der Menschheit bekannte Gut, dessen unveränderliche Geldmenge und Emissionsplan vollständig im Voraus bekannt sind. Nicht einmal Edelmetalle wie Gold haben diese Eigenschaft, da wir immer mehr Gold abbauen können, wenn es rentabel ist, dies zu tun. Man stelle sich vor, wir entdecken einen Asteroiden, der zehnmal so viel Gold enthält wie wir auf der Erde haben. Was würde bei einem so reichlichen Angebot mit dem Goldpreis geschehen? Bitcoin ist immun gegen solche Entdeckungen und Angebotsmanipulationen. Es ist schlicht unmöglich, mehr davon zu produzieren, und wir werden in späteren Kapiteln erfahren, warum.

Die Natur des Geldes und die Funktionsweise des bestehenden Währungssystems sind kompliziert, und dieses Buch wird nicht ausführlich darauf eingehen. Wenn du mehr über die Grundlagen von Geld wissen möchtest, und wie sie auf Bitcoin zutreffen, würde ich dir zu diesem Thema ebenfalls *Der Bitcoin-Standard* von Saifedean Ammous als Einstieg empfehlen.

> *Daten konnten auf eine Art und Weise gesichert werden, die es anderen physisch unmöglich machte, auf sie zuzugreifen, egal aus welchem Grund, egal wie gut die Begründung ist, egal wie wichtig das Anliegen. [...] Es ist Zeit, dass uns Geld dasselbe bietet*

Unsere derzeitigen Systeme zur Sicherung von Geld, wie z.B. das Einlagern in einer Bank, sind darauf angewiesen, dass ein Dritter die Arbeit erledigt. Das Vertrauen in einen solchen Zwischenhändler erfordert nicht nur das Vertrauen, dass er nichts Böses oder Dummes tut, sondern auch, dass die Regierung dein Geld nicht beschlagnahmt oder einfriert, indem sie Druck auf diesen Zwischenhändler ausübt. Es hat sich jedoch immer wieder gezeigt, dass Regierungen den Zugang zu Geld blockieren können und dies auch tun, wenn sie sich bedroht fühlen.

Für jemanden, der in den Vereinigten Staaten oder in einer anderen stark re gulierten Wirtschaft lebt, mag es vielleicht albern klingen, sich vorzustellen, dass man eines Morgens ohne Geld aufwacht, aber es passiert ständig. Mein Geld wurde von PayPal eingefroren, weil ich mein Konto seit Monaten nicht mehr benutzt hatte. Ich brauchte über eine Woche, um wieder Zugriff auf "mein" Geld zu erhalten. Ich habe das Glück, in den Vereinigten Staaten zu leben, wo ich zumindest hoffen konnte, dass ich einen Rechtsanspruch habe, wenn PayPal mein Geld einfrieren würde, und wo ich grundsätzlich darauf vertraue, dass meine Regierung und meine Bank mein Geld nicht stehlen werden.

Viel schlimmere Dinge geschahen und geschehen derzeit in Ländern mit weniger Freiheit, wie z.B. die Schließung von Banken während des Währungszusammenbruchs in Griechenland, Banken in Zypern, die Bail-ins vorschlagen, um Gelder ihrer Kunden zu konfiszieren, oder die indische Regierung, die bestimmte Banknoten für wertlos erklärt.

Die ehemalige UdSSR, in der ich aufgewachsen bin, hatte eine staatlich kontrollierte Wirtschaft, die zu einer massiven Güterknappheit führte. Es war illegal, ausländische Währungen wie den US-Dollar zu besitzen. Als wir weggehen wollten, konnten wir nur einen begrenzten Geldbetrag pro Person in US-Dollar umtauschen, und zwar zu einem offiziellen, von der Regierung vorgeschriebenen Wechselkurs, der weit vom tatsächlichen Kurs des freien Marktes entfernt war. Tatsächlich hat uns die Regierung das Wenige, was wir an Vermögen besaßen, mit eisernem Griff über die gesteuerte Wirtschaft und den Kapitalverkehr abgenommen.

Autokratische Länder tendieren dazu, strenge Wirtschaftskontrollen einzuführen, die die Menschen daran hindern, ihr Geld von Banken abzuheben, es aus dem Land auszuführen oder es auf dem freien Markt in noch nicht wertlose Währungen wie den US-Dollar zu tauschen. Dies erlaubt es der

Regierung, verrückte wirtschaftliche Experimente wie das sozialistische System der UdSSR durchzuführen.

Bitcoin verlässt sich nicht auf das Vertrauen in eine dritte Partei, um dein Geld zu sichern. Stattdessen *macht Bitcoin es anderen unmöglich, auf deine Coins zuzugreifen,* ohne einen speziellen Schlüssel, den nur du besitzt. *Egal aus welchem Grund, egal wie gut die Begründung ist, egal wie wichtig das Anliegen, niemand anderes kommt an deine Bitcoins.* Indem man Bitcoin hält, besitzt man die Schlüssel zu seiner eigenen finanziellen Freiheit. Bitcoin trennt Geld und Staat.

> *Die Lösung von Bitcoin ist die Verwendung eines Peer-to-Peer-Netzwerks zur Überprüfung von Doppelausgaben. [...] wie ein verteilter Zeitstempel-Server, der die erste Transaktion zur Ausgabe eines Coins stempelt*

Ein *Netzwerk* bezeichnet die Idee, dass eine Reihe von Computern miteinander verbunden sind und sich gegenseitig Nachrichten senden können. Das Wort "*verteilt*" bedeutet, dass es keine zentrale Partei gibt, die die Kontrolle hat, sondern dass sich alle Teilnehmer koordinieren, um das Netzwerk erfolgreich zu machen.

In einem System ohne zentrale Steuerung ist es wichtig zu wissen, dass niemand betrügt. Die Idee der *Doppelausgabe* bezieht sich auf die Möglichkeit, das gleiche Geld zweimal auszugeben. Dies stellt bei physischem Geld kein Problem dar, da es die eigene Hand verlässt, wenn man es ausgibt. Digitale Transaktionen können jedoch genau wie Musik oder Filme kopiert werden. Wenn du Geld über eine Bank versendest, stellt diese sicher, dass du nicht zweimal das gleiche Geld transferieren kannst. In einem System ohne zentrale Kontrolle brauchen wir jedoch eine andere Möglichkeit, diese Art der *doppelten Ausgabe*, was praktisch dasselbe wie Geldfälschung wäre, zu verhindern.

Satoshi beschreibt, dass die Teilnehmer des Bitcoin-Netzwerks zusammenarbeiten, um Transaktionen mit *Zeitstempeln* zu versehen (in eine Reihenfolge zu bringen), sodass wir wissen, was zuerst kam, und deshalb können wir alle zukünftigen Versuche, das gleiche Geld erneut auszugeben, ablehnen. In den nächsten Kapiteln werden wir dieses System von Grund auf besprechen. Dadurch werden wir in der Lage sein, Fälschungen zu erkennen, ohne uns auf einen zentralen Emittenten oder Transaktionsvalidator verlassen zu müssen.

Bitcoin war keine Erfindung die in einem Vakuum entstanden ist. Satoshi zitierte in seinem Beitrag mehrere wichtige Versuche, ähnliche Systeme zu implementieren, darunter das b-Money von Wei Dai und Hashcash von Adam Back. Die Entdeckung von Bitcoin stand auf den Schultern von Giganten, aber niemand zuvor hatte alle Puzzleteile richtig zusammengefügt und damit das erste System zur Ausgabe und zum Transfer eines wirklich knappen, digitalen Geldes ohne zentrale Kontrolle geschaffen.

Satoshi nahm eine Reihe interessanter technischer Probleme in Angriff, um die Probleme der Privatsphäre, der Entwertung und der zentralen Kontrolle in den gegenwärtigen Geldsystemen zu lösen:

1. Wie man ein Peer-to-Peer-Netzwerk schafft, das es jedem ermöglicht, freiwillig beizutreten und teilzunehmen.
2. Wie eine Gruppe von Menschen, die ihre Identität nicht preisgeben oder sich gegenseitig vertrauen müssen, ein gemeinsames Kassenbuch führen kann, selbst wenn einige von ihnen unaufrichtig sind.
3. Wie man Menschen die Möglichkeit geben kann, ihre eigene fälschungssichere Währung zu emittieren, ohne sich auf einen zentralen Herausgeber verlassen zu müssen, und gleichzeitig die Knappheit dieser Währung aufrechterhalten kann, indem die Produktion neuer Einheiten nicht ohne Aufwand möglich ist.

Als Bitcoin auf den Markt kam, verwendeten es nur eine Handvoll Leute und diese ließen die Bitcoin-Software auf ihren Computern laufen, um das Bitcoin-Netzwerk zu betreiben. Die meisten Leute dachten damals, es sei ein Witz, oder dass dieses System schwerwiegende Designfehler aufweisen würde, die es unbrauchbar machen werden.

Im Laufe der Zeit traten jedoch immer mehr Menschen dem Netzwerk bei und nutzten ihre Computer, um die Sicherheit des Netzwerks zu erhöhen und den Wert zu unterstreichen, indem sie andere Währungen dafür eintauschten oder es für Waren und Dienstleistungen akzeptierten. Heute, zehn Jahre später, wird es von Millionen von Menschen in Form von Zehn- bis Hunderttausenden von Netzknoten (Nodes) benutzt, auf denen die kostenlose Bitcoin-Software läuft, die von Hunderten von Freiwilligen und Unternehmen weltweit weiterentwickelt wird.

Lasst uns herausfinden, wie man ein derartiges System aufbauen kann!

---

1. Für einen großartigen Überblick über die Geldgeschichte empfehle ich das Essay *Shelling Out* von Nick Szabo: EN https://nakamotoinstitute.org/shelling-out/ DE https://medium.com/aprycotmedia/shelling-out-die-urspr%C3%BCnge-des-geldes-af4d9f530e70

2 | Entfernen der Mittelsmänner

Im vorherigen Kapitel haben wir erörtert, dass Bitcoin ein Peer-to-Peer-System für den Werttransfer bietet. Bevor wir uns in die Funktionsweise dieses Systems vertiefen können, wollen wir zunächst verstehen, wie eine traditionelle Bank oder ein Zahlungsunternehmen mit der Verfolgung des Besitzes und der Übertragung von Vermögenswerten umgeht.

Banken sind einfach nur Kassenbücher

Wie funktioniert eine digitale Zahlung über deine Bank, PayPal oder Apple-Pay? Ganz einfach, diese Mittelsmänner fungieren als verherrlichte Konten- und Überweisungslisten.

Der Zweck einer Bank ist es, deine Einlagen aufzubewahren und zu bewachen. Aber heutzutage sind Einzahlungen in erster Linie elektronisch und erfolgen nicht mehr in Form von Münzen oder Papier. Die Aufgabe einer Bank besteht nun darin, eine Datenbank mit Konten zu unterhalten und zu bewachen. Da die Daten elektronisch sind, sind auch die Sicherheitsinstanzen meist elektronisch.

Die Banken verwenden Systeme zur Erkennung von Software-Eindringlingen, Sicherungskopien zum Schutz vor Datenverlusten und Prüfungen durch Dritte, um sicherzustellen, dass ihre internen Prozesse nicht kompromittiert werden, und auch Versicherungen, die sie im Falle eines Fehlers absichern.

Sie funktionieren wie folgt. In diesem Beispiel werden wir von einer *Bank* sprechen, aber in Wirklichkeit meinen wir damit jede Partei, die Zahlungen bearbeitet. Wir beginnen mit einem Kontenbuch (Ledger), das zeigt, dass Alice und Bob Geld bei der Bank eingezahlt haben.

Kontenbuch der Bank

1. *Alice: Gutschrift für Bareinzahlung +2 €*
2. *Bob: Gutschrift für Bareinzahlung +10 €*

Wenn Alice 2 € an Bob schicken will, ruft sie ihre Bank an oder benutzt eine von ihrer Bank hergestellte Web- oder Handy-Wallet, authentifiziert sich bei der Bank mit einem Benutzernamen und einem Passwort oder einem Pincode und stellt dann den Antrag auf Überweisung. Die Bank vermerkt dies in ihrem Kontenbuch.

Kontenbuch der Bank

1. *Alice: Gutschrift für Bareinzahlung +2 €*
2. *Bob: Gutschrift für Bareinzahlung +10 €*
3. *Alice: Belastung -2 €*
4. *Bob: Gutschrift +2 €*

Die Bank hat also die neuen Belastungen und Gutschriften erfasst, und genau in diesem Moment ist das Geld bewegt worden.

Das Problem der Doppelausgabe

Was passiert, wenn Alice jetzt wieder versucht, diese zwei Euro auszugeben? Dies wird als das Problem der Doppelausgabe (Double Spend) bezeichnet.

Sie reicht den Antrag bei der Bank ein, aber die Bank sagt: “Tut uns leid, wir sehen, dass Sie bereits 2 € ausgegeben haben, um Bob zu bezahlen. Sie haben kein Geld mehr, das Sie überweisen könnten.”

Wenn es eine zentrale Instanz wie eine Bank gibt, ist es für die Bank sehr einfach, zu erkennen, dass du versuchst, das bereits ausgegebene Geld erneut auszugeben. Das liegt daran, dass sie die einzigen sind, die das Kontenbuch ändern dürfen, und sie haben interne Prozesse, einschließlich Backup-Systemen und Prüfungen durch Computer und Menschen, um sicherzustellen, dass alle Transaktionen korrekt verlaufen und nicht manipuliert wurden.

Wir nennen dies ein *zentralisiertes* System, weil es eine einzige Kontrollinstanz gibt.

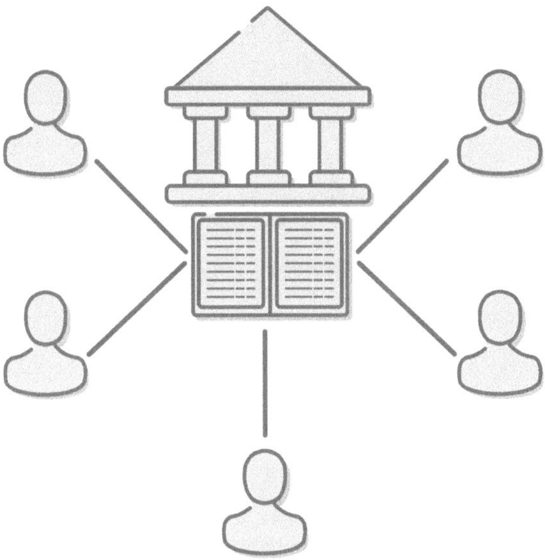

Die Bank führt ein Ledger, auf das jeder zugreifen kann, aber nur über die Bank selbst.

Verteilen des Ledgers

Das erste Problem, das Bitcoin löst, ist die Entfernung eines vertrauten Zwischenhändlers durch die Schaffung eines *Peer-to-Peer-Systems*. Stellen wir uns vor, dass die Banken verschwunden sind und wir unser Finanzsystem neu aufbauen müssen. Wie können wir ein Ledger ohne eine zentrale Partei führen?

Wenn es kein zentrales Ledger gibt, muss es folglich so sein, dass das Ledger nun den Menschen gehört. Vive la Révolution. Und genau so machen wir es.

Zuerst treffen sich einige von uns und bilden ein Netzwerk. Das bedeutet zunächst einmal nur, dass wir eine Möglichkeit haben, miteinander zu kommunizieren. Sagen wir, wir tauschen Telefonnummern oder Snapchat-Accounts aus. Wenn Alice Geld an Bob schicken will, erzählt sie es allen ihren Freunden, anstatt die Bank anzurufen: "Ich schicke Bob 2 Euro." Jeder erkennt es an und antwortet: "Cool, wir haben es notiert", und schreibt es in seine eigene Kopie des Ledgers. Das Bild sieht nun so aus:

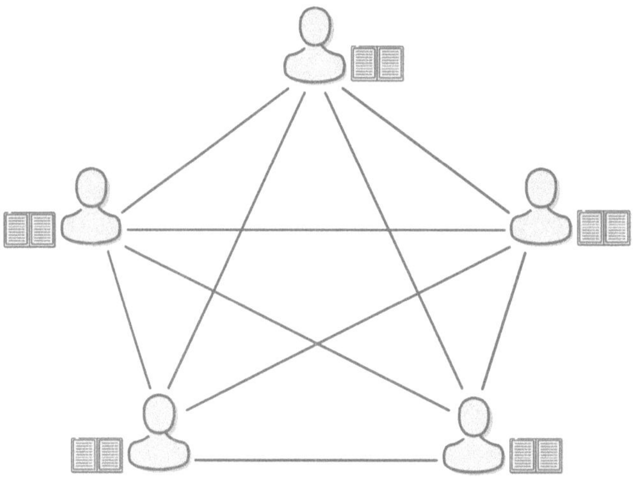

Jeder besitzt eine Kopie des Ledgers, auf die er unabhängig von den anderen Teilnehmern zugreifen kann.

Statt einer einzigen Bank gibt es jetzt also eine Kopie des Ledgers in jedermanns Händen. Jedes Mal, wenn jemand Geld ausgeben will, muss er es einfach allen seinen Freunden mitteilen. Jeder zeichnet die Transaktionen auf. Da sich das Ledger nun nicht mehr an einem Ort befindet, nennen wir es *verteilt (distributed)*, und da keine zentrale Partei die Verantwortung trägt, nennen wir es *dezentralisiert*. Damit ist das Problem der Eliminierung der Mittelsmänner gelöst.

Wie werden wir nun, da wir keinen Zwischenhändler mehr brauchen, mit den Doppelausgaben umgehen? Wen werden wir anstelle der Bank konsultieren, um zu überprüfen, ob das ausgegebene Geld nicht bereits ausgegeben wurde? Da jeder Teilnehmer des Netzwerks eine Kopie des Ledgers besitzt, müssen wir also auch jeden konsultieren. Dieses System wird als *konsensbasiert* bezeichnet, weil es darauf beruht, dass sich alle auf eine bestimmte Version der Wahrheit einigen.

Wenn Alice versucht, die 2 €, die sie bereits an Bob gesendet hat, erneut auszugeben, würde ihre Transaktion von allen Teilnehmern im Netzwerk abgelehnt werden, da sie ihre Kassenbücher einsehen und ihr sagen würden, dass sie das Geld laut ihren Aufzeichnungen bereits ausgegeben hat. Daher würden sie ihren zweiten Versuch, das bereits ausgegebene Geld erneut auszugeben, als falsch erkennen und nicht dokumentieren. Wir haben jetzt ein Peer-to-Peer-Konsensnetzwerk für die Aufzeichnung von Eigentumsrechten und Geldtransfers.

Solange unser verteiltes Kassenbuch eine *Erlaubnis* zum Beitritt erfordert und wir darauf *vertrauen* können, dass jede Partei ehrlich ist, funktioniert das System. Aber diese Art von Design kann nicht so skaliert werden, dass es von Millionen von Menschen weltweit genutzt werden kann. Verteilte Systeme, die aus willkürlichen Teilnehmern bestehen, sind von Natur aus unzuverlässig. Einige Leute könnten gelegentlich offline gehen. Das bedeutet, dass sie möglicherweise nichts von unseren Transaktionen mitbekommen, wenn wir sie übertragen. Andere versuchen vielleicht aktiv, uns zu betrügen, indem sie behaupten, dass bestimmte Transaktionen stattgefunden oder nicht stattgefunden haben. Es kann auch sein, dass neue Personen dem Netzwerk beitreten und widersprüchliche Kopien des Ledgers erhalten.

Sehen wir uns nun an, wie jemand versuchen könnte, zu betrügen.

Die Double-Spend-Attacke

Wenn ich Alice bin, kann ich mich mit anderen Teilnehmern *zusammentun* und ihnen sagen: "Wenn ich Geld ausgebe, schreibt es nicht in euer Ledger. Tut so, als wäre es nie passiert." So kann Alice eine Double-Spend-Attacke durchführen.

Ausgehend von einem Guthaben von 2 € macht Alice Folgendes:

1. Sie sendet ihre 2 € an Bob, um einen Schokoriegel zu kaufen. Jetzt sollte sie also 0 € besitzen.
2. David, Eve und Farrah konspirieren mit Alice und schreiben die Transaktion von Alice an Bob nicht in ihre Bücher. Gemäß ihrer Kopie hat Alice ihr Geld nie ausgegeben und besitzt immer noch einen Saldo von 2 €.
3. Charlotte ist eine ehrliche Kontoführerin. Sie notiert die Transaktion von Alice an Bob. Laut ihrem Ledger besitzt Alice 0 €.
4. Henry war eine Woche lang im Urlaub und hat von keiner dieser Transaktionen gehört. Er tritt dem Netzwerk bei und bittet um eine Kopie des Ledgers.
5. Henry erhält 4 falsche Kopien (David, Eva, Farrah, Alice) und eine ehrliche Kopie (Charlotte). Wie stellt er nun fest, welches Exemplar der Wahrheit entspricht? Da es kein besseres System gibt, vertraut er also der Mehrheit der Teilnehmer und wird so getäuscht, dass er das gefälschte Ledger als das richtige akzeptiert.
6. Alice kauft einen Schokoriegel von Henry mit den 2 €, die sie eigentlich nicht besitzt. Henry akzeptiert die 2 €, weil Alice nach

allem, was er weiß, immer noch 2 € auf ihrem Konto hat, denn so steht es im Ledger, das er von allen anderen bekommen hat.

7. Alice hat jetzt 2 Schokoriegel, und 4 € Falschgeld kursieren nun im System. Sie bezahlt ihre Freunde mit Schokoriegeln, und sie wiederholen den Angriff 100 Mal. Mit jeder neuen Person, die dem Netzwerk beitritt.
8. Alice besitzt jetzt alle Schokoriegel und alle anderen dürfen große Mengen an Falschgeld ihr Eigen nennen.
9. Wenn sie versuchen, das Geld auszugeben, das Alice ihnen angeblich gesendet hat, lehnen David, Eve und Farrah, die den Großteil des Netzwerks kontrollieren, diese Ausgaben ab, weil sie wissen, dass das Geld von vornherein gefälscht ist.

Dies wird als *Konsensversagen* bezeichnet. Die Teilnehmer im Netzwerk haben sich nicht darauf geeinigt, wie der Zustand der Realität aussieht. Da sie kein besseres System hatten, entschieden sie sich für die Mehrheitsregel, was dazu führte, dass unehrliche Leute das Netzwerk kontrollierten und Geld ausgaben, das sie nicht besaßen.

Wenn wir ein *erlaubnisfreies* System schaffen wollen, an dem jeder teilnehmen kann, ohne zu fragen, dann muss es auch unehrlichen Akteuren gegenüber standhaft sein.

Die Lösung des Problems des verteilten Konsens

Nun müssen wir eines der schwierigsten Probleme der Informatik lösen: einen verteilten Konsens zwischen den Beteiligten finden, bei dem einige unehrlich oder unzuverlässig sind. Dieses Problem ist als das Problem der byzantinischen Generäle bekannt und ist der entscheidende Schlüssel, den Satoshi Nakamoto nutzte, um die Erfindung von Bitcoin zu ermöglichen. Wir müssen einen Haufen Leute dazu bringen, sich auf die Einträge im Ledger zu einigen, ohne zu wissen, welche Kontoführer alle Transaktionen korrekt und ehrlich niedergeschrieben haben.

Eine naive Lösung wäre, ehrliche Kontoführer zu ernennen. Anstatt dass jeder in das Ledger schreiben darf, wählen wir eine Handvoll Freunde wie Charlotte, Gary, Frank und Zoe dafür aus, weil sie nicht lügen und jeder weiß, dass sie ehrenwerte Mitmenschen sind.

Jedes Mal, wenn wir eine Transaktion abwickeln müssen, rufen wir also einfach Charlotte und die Clique an, anstatt es all unseren Freunden zu sagen. Sie sind gerne bereit, gegen eine kleine Gebühr das Kassenbuch für uns zu führen. Nachdem sie in das Ledger geschrieben haben, rufen sie alle anderen an und erzählen ihnen von den neuen Ledger-Einträgen, die alle noch immer als Backup aufbewahren.

Dieses System funktioniert wirklich gut, bis eines Tages Regierungsbeamte auftauchen und wissen wollen, wer dieses Schatten-Finanzsystem leitet. Sie verhaften Charlotte und ihre Freunde und nehmen sie mit, wodurch unser verteiltes Ledger ein jähes Ende erlebt. Wir alle haben unverlässliche Backups, können einander nicht vertrauen und können nicht herausfinden, wessen Backup zum Start eines neuen Systems verwendet werden sollte.

Statt einer vollständigen Schließung kann die Regierung unseren Kontoführern auch stillschweigend mit Gefängnisstrafe drohen, wenn sie Transaktionen an Alice (die im Verdacht steht, Drogen zu verkaufen) akzeptieren. Das System steht jetzt effektiv unter zentraler Kontrolle, und wir können es nicht mehr als erlaubnisfrei bezeichnen.

Was ist, wenn wir es mit Demokratie versuchen? Lasst uns einen Pool von 50 ehrlichen Leuten finden und jeden Tag Wahlen abhalten, um weiterhin zu rotieren, wer in das Kassenbuch schreiben darf. Jeder im Netzwerk erhält eine Stimme.

Dieses System funktioniert solange großartig, bis Menschen auftauchen und Gewalt oder finanziellen Zwang anwenden, um die gleichen Ziele zu erreichen wie zuvor:

1. Die Wähler dazu zwingen, für die Kontoführer ihrer Wahl zu stimmen.
2. Die gewählten Kontoführer dazu zwingen, falsche Einträge in das Kassenbuch zu schreiben oder die Verarbeitung bestimmter Transaktionen zu verhindern.

Wir haben also ein Problem. Jedes Mal, wenn wir bestimmte Personen mit der Führung des Ledgers beauftragen, muss man darauf vertrauen, dass sie ehrlich sind, und wir haben keine Möglichkeit, sie davor zu schützen, von jemandem zu unehrlichen Taten gezwungen zu werden und unser Ledger zu korrumpieren.

Verwechslungsgefahr und Sybil-Attacken

Bisher haben wir uns mit zwei erfolglosen Methoden zur Sicherstellung der Ehrlichkeit befasst: Die eine verwendete bestimmte bekannte Buchhalter und die andere, speziell gewählte und rotierende Buchhalter. Das Scheitern beider Systeme bestand darin, dass die Grundlage unseres Vertrauens an die Identität der realen Welt gebunden ist: Wir müssen immer noch diese bestimmten Personen identifizieren, die für unser Hauptbuch verantwortlich sein würden. Wann immer wir Vertrauen auf der Grundlage der Identität annehmen, öffnen wir uns für etwas, das man Sybil-Attacke nennt. Das ist im Grunde eine ausgefallene Bezeichnung für eine Nachahmung und ist nach einer Frau mit einer multiplen Persönlichkeitsstörung benannt.

Hast Du jemals eine seltsame SMS von einem deiner Freunde erhalten, nur um festzustellen, dass dessen Telefon gehackt oder geklaut wurde? Wenn es um Milliarden oder gar Billionen von Euro geht, rechtfertigen Menschen alle Arten von Gewalt, um ein spezielles Telefon zu stehlen und eine solche SMS zu versenden. Wir müssen unbedingt verhindern, dass die Leute, die unser Kassenbuch führen dürfen, in irgendeiner Weise unter Druck gesetzt werden. Wie können wir das erreichen?

Errichten wir eine Lotterie

Wenn wir nicht wollen, dass Menschen durch die Androhung von Gewalt oder Bestechung kompromittiert werden können, brauchen wir ein System mit so vielen Teilnehmern, dass es unpraktisch wäre, sie zu nötigen. Noch besser, wir wollen die Identität der Teilnehmer überhaupt nicht kennen. Es muss so sein, dass absolut jeder an unserem System teilnehmen kann, und dass wir keine Art von Abstimmung einführen müssen, die durch Gewalt und Stimmenkauf beeinflusst werden kann.

Was wäre, wenn wir eine Lotterie veranstalten würden, bei der wir jedes Mal, wenn wir in das Ledger schreiben wollten, jemanden nach dem Zufallsprinzip auswählen würden? Hier ist unser erster Entwurf:

1. Jeder Mensch auf der Welt kann teilnehmen. Zehntausende von Menschen können sich unserem Netzwerk der Kontoführer-Lotterie anschließen.
2. Wenn wir Geld senden wollen, kündigen wir dem gesamten Netzwerk die Transaktionen an, die wir durchführen wollen, so wie wir es schon früher getan haben.
3. Anstatt dass jeder die Transaktionen aufschreibt, veranstalten wir eine Auslosung, um zu sehen, wer das Recht gewinnt, diese Transaktionen in das Ledger einzutragen.
4. Wenn wir einen Gewinner auswählen, darf diese Person alle Transaktionen, von denen sie gerade gehört hat, in das Ledger eintragen.
5. Wenn die Person *gültige* Transaktionen in das Ledger schreibt, die sich an die von allen anderen Teilnehmern durchgesetzten Regeln halten, erhält sie zur Belohnung eine Gebührenzahlung.
6. Jeder führt eine Kopie des Buches, in der die Informationen des letzten Lotteriegewinners eingetragen werden.
7. Wir warten eine Weile, damit die meisten Teilnehmer Zeit haben, ihr Buch auf den neuesten Stand zu bringen und anschließend führen wir die nächste Runde der Verlosung durch.

Dieses Verfahren stellt eine Verbesserung dar. Es ist nicht möglich, die Teilnehmer dieses Systems zu kompromittieren, weil es unmöglich ist, zu wissen, wer die Teilnehmer sind und wer der nächste Gewinner sein wird.

Wir haben jedoch keine klare Antwort darauf, wie wir diese Lotterie ohne jemanden in der Verantwortung durchführen können, oder warum wir darauf vertrauen sollten, dass der Gewinner ehrlich handelt, wenn er in das Ledger schreibt. Als nächstes werden wir herausfinden, wie wir diese Fragestellung lösen können.

3 | Proof of Work

Das Lotteriesystem, wie es bisher konzipiert wurde, hat zwei große Probleme:

1. Wer wird die Lotterielose verkaufen und die Gewinnzahlen auswählen, wenn wir bereits festgestellt haben, dass wir keine zentrale Vertrauensperson haben dürfen?
2. Wie stellen wir sicher, dass der Gewinner der Lotterie tatsächlich korrekte Transaktionen in das Hauptbuch schreibt, anstatt zu versuchen, den Rest von uns zu betrügen?

Wenn wir ein *erlaubnisfreies* System wollen, dem jeder beitreten kann, dann müssen wir das Erfordernis des Vertrauens aus dem System entfernen und unser System *vertrauensfrei* machen. Dies bedeutet, dass wir die Notwendigkeit, jemandem im Netzwerk zu vertrauen, komplett entfernen müssen, und immer einen Beweis für ein korrektes Vorgehen haben. Wir müssen ein System entwickeln, das die folgenden Eigenschaften hat:

1. Es muss für jeden möglich sein, seinen eigenen Lottoschein zu erstellen, da wir einer zentralen Instanz nicht trauen können.

Standardmäßige zentralisierte Lotteriesysteme wie "6 aus 49" werden von jemandem betrieben, der die Lottoscheine kreiert und die Zufallszahlen zieht. Da wir uns nicht auf eine zentrale Stelle verlassen können, müssen wir jedem erlauben, seine eigenen Losnummern zu generieren.

2. Wir müssen eine Möglichkeit haben, das Lottospielen etwas kosten zu lassen, damit wir jemanden daran hindern können, die Lotterie zu monopolisieren, indem er eine große Anzahl kostenloser Lose generiert. Wie schaffen wir es, dass man tatsächlich Geld ausgeben muss, um Lose zu kaufen, wenn es niemanden gibt, bei dem man sie kaufen kann? Wir bringen sie einfach dazu, sie vom Universum selbst zu erwerben, und zwar durch das Verbrauchen von Elektrizität, einer kostspieligen Ressource.
3. Es muss für alle anderen Teilnehmer leicht zu überprüfen sein, dass man die Lotterie gewonnen hat, am besten allein durch die Überprüfung des Lotterieloses. Beim Lotto generieren die Lotteriebetreiber die Gewinnzahlen. Da dies in einem dezentralisierten System nicht möglich ist, können wir uns stattdessen im Voraus auf einen Zahlenbereich einigen, und wenn deine Lottozahl in diesen Bereich fällt, gewinnst du die Lotterie. Wir werden dazu einen kryptographischen Trick namens Hash-Funktion verwenden.

Proof of Work: Ein energieintensives asymmetrisches Puzzle

Die elegante Lösung für alle drei dieser Probleme heißt "Proof of Work". Sie wurde eigentlich schon lange vor Bitcoin, im Jahr 1993, erfunden. Die vollständige Beschreibung, wie diese Art der Verlosung funktioniert, ist wahrscheinlich der am schwierigsten zu verstehende Aspekt an Bitcoin, daher werden wir die nächsten Kapitel der eingehenden Behandlung dieser Thematik widmen.

Wir müssen es kostspielig machen, "Lose" für die Lotterie zu "kaufen", sonst könnten die Menschen eine unbegrenzte Anzahl von Losen generieren. Was gibt es also, das garantiert etwas kostet, aber nicht von einer zentralen Instanz kommen muss?

Hier spielt die Physik für Bitcoin eine Rolle: Der erste Hauptsatz der Thermodynamik besagt, dass Energie weder erzeugt noch zerstört werden kann. Mit anderen Worten: Man kann Energie nicht aus dem Nichts erschaffen, es bedarf immer einer Umwandlung ihrer Form. Elektrizität ist immer etwas Teures, weil man sie von den Stromerzeugern kaufen oder ein eigenes Kraftwerk betreiben muss. In beiden Fällen ist die Beschaffung von Strom kostspielig.

Das Konzept hinter dem Proof of Work (Arbeitsnachweis) besteht darin, dass man an einem zufälligen Prozess teilnimmt, ähnlich wie beim Würfeln. Aber statt eines sechsseitigen Würfels hat dieser etwa so viele Seiten wie es Atome im Universum gibt. Um den Würfel zu würfeln und Lottozahlen zu erzeugen, muss dein Computer bestimmte Berechnungen durchführen, die Strom kosten.

Um die Lotterie zu gewinnen, musst du eine Zahl erzeugen, die sich mathematisch aus den Transaktionen, die du in das Ledger schreiben willst, plus dem Wert des von dir gewürfelten Würfels ergibt. Um die richtige Gewinnzahl zu finden, musst du diesen Würfel möglicherweise Milliarden, Billionen oder Billiarden Mal würfeln und dabei tausende von Euro an Energie verbrauchen. Da der Prozess auf Zufälligkeit basiert, ist es für jeden möglich, seine eigenen Lotterielose ohne eine zentrale Stelle zu generieren, indem er nur einen Computer zur Erzeugung von Zufallszahlen und eine Liste von Transaktionen verwendet, die er in das Ledger schreiben möchte.

Auch wenn es dich selbst vielleicht Tausende von Euro gekostet hat, genug Energie zu verbrauchen, um eine gewinnende Zufallszahl zu finden, müssen alle anderen im Netzwerk nur einige wenige grundlegende Überprüfungen durchführen, um zu bestätigen, dass du ein Gewinner bist:

1. Liegt die von dir angegebene Zahl in einem Zielnummernbereich, auf den sich alle im Voraus geeinigt haben?
2. Wird die Zahl tatsächlich mathematisch aus einem gültigen Satz von Transaktionen abgeleitet, die du in das Ledger schreiben möchtest?
3. Sind die von dir vorgelegten Transaktionen nach den Regeln von Bitcoin zulässig: keine Doppelausgaben, keine Generierung neuer Bitcoins außerhalb eines zulässigen Zeitplans usw.

Der Proof of Work ist ein Zufallsverfahren, das viele Berechnungen erfordert, um eine Gewinnzahl zu finden. Es ist jedoch nur ein einziger Arbeitsschritt erforderlich, um die Lösung zu verifizieren. Stell dir das wie ein Kreuzworträtsel oder ein Sudoku vor. Es kann lange dauern, es zu lösen, aber jeder, dem die Antworten und Hinweise gegeben werden, kann es schnell überprüfen. Das macht das System des Proof of Work *asymmetrisch*: Es ist schwer für die Spieler, aber leicht für die Prüfer.

Weil du beim Spielen dieser Lotterie eine beträchtliche Menge an Energie und damit Geld verbrannt hast, möchtest du, dass jeder deinen Gewinnschein akzeptiert. So entsteht ein Anreiz, sich wahrheitsgemäß zu verhalten, indem man nur gültige Transaktionen in das Ledger schreibt.

Wenn man zum Beispiel versucht, Geld auszugeben, das bereits ausgegeben wurde, dann wird der "gewinnende" Lottoschein von allen anderen zurückgewiesen, und man verliert das ganze Geld, das man für die Energie ausgegeben hat, die man für das Los verbraucht hat. Wenn du andererseits gültige Transaktionen in das Hauptbuch schreibst, werden dich die anderen Teilnehmer mit Bitcoin belohnen, damit du deine Energierechnungen bezahlen und einen gewissen Gewinn behalten kannst.

Das Proof-of-Work-System hat die wichtige Eigenschaft, dass es in der *realen Welt kostspielig* ist. Wenn man also das Netzwerk durch Nötigung einiger seiner Teilnehmer angreifen wollte, müsste man nicht nur zu ihnen nach Hause gehen und ihren Computer übernehmen, sondern auch ihre Stromrechnungen bezahlen.

Wie beweisen die Teilnehmer, dass sie diese Energie verbraucht haben? Dazu brauchen wir einen schnellen Informatik-Crashkurs zu zwei Konzepten: Hashing und Bits.

Hashing

Das asymmetrische Proof-of-Work-Puzzle von Bitcoin beinhaltet die Verwendung einer *Hash-Funktion*. Aus der klassischen Algebra wissen wir, dass eine Funktion ein Kästchen ist, in das man einen *Eingabewert x* eingibt und einen *Ausgabewert f(x)* erhält. Zum Beispiel nimmt die Funktion *f(x)=2x* einen Wert und multipliziert ihn mit zwei. Die Eingabe *x*=2 gibt uns also den Ausgabewert *f(x)=4*.

Eine Hash-Funktion ist eine spezielle Funktion, bei der du eine beliebige Zeichenfolge von Buchstaben, Zahlen oder anderen Angaben wie "Hello World" eingibst und eine riesige, zufällig aussehende Zahl daraus erhältst:

> 86991366044392467661783165166973309023807181648024718778313526389892860994842

Die spezielle Hash-Funktion, die ich zum Hashing von "Hello World" verwendet habe, heißt sha256 und ist diejenige, die von Bitcoin verwendet wird.

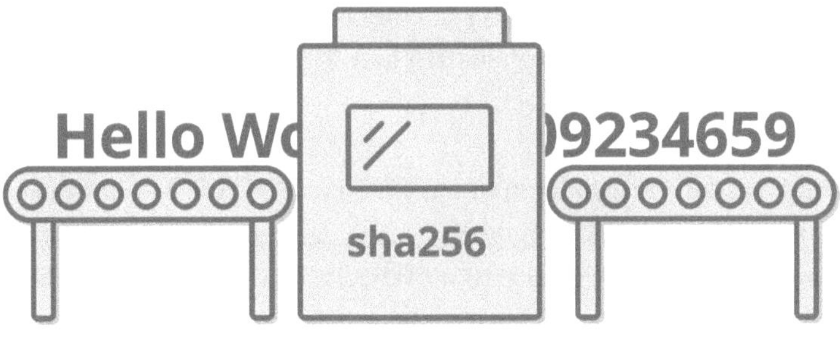

Daten gehen auf der einen Seite hinein und kommen auf der anderen Seite in einer unvorhersehbaren Folge von Zahlen hinaus.

Die sha256-Hash-Funktion hat die folgenden Eigenschaften, die uns nützlich sind:

1. Die Ausgabe ist deterministisch: Man erhält immer die gleiche Ausgabe für die gleiche Eingabe.
2. Die Ausgabe ist unvorhersehbar: Wenn nur ein Buchstabe geändert oder ein Leerzeichen zur Eingabezeichenkette hinzugefügt wird, wird die Ausgabe drastisch verändert, so dass man keine Korrelation zur ursprünglichen Eingabe finden kann.
3. Man kann den Hash sehr schnell für jede beliebige Größe an Eingabedaten berechnen.
4. Es ist nicht möglich, zwei Zeichenketten als Input zu finden, die dieselbe Ausgabe ergeben.
5. Wenn man nur den Ausgabe-Hash von sha256 kennt, ist es unmöglich, die Eingabe (Input) zurückzurechnen. Wir nennen dies eine Einwegfunktion.
6. Die Ausgabe hat immer eine bestimmte Größe (256 *Bit* bei sha256).

Eine kurze Einführung in Bits

Das Zahlensystem, das man kennt und liebt und welches aus den Zahlen 0 bis 9 besteht, wird *dezimal* genannt, weil es zehn Ziffern hat. Computer hingegen bevorzugen ein anderes Zahlensystem aus Einsen und Nullen, das das Vorhandensein oder Fehlen eines elektrischen Signals anzeigt. Dieses Zahlensystem wird als *binär* bezeichnet.

Im Dezimalsystem verwendet man nur die *Ziffern* 0 bis 9. Mit nur einer Ziffer kann man zehn verschiedene Zahlen, 0 bis 9, darstellen. Bei Verwendung von zwei Ziffern ist es möglich, 10 x 10 = 100 verschiedene Zahlen darzustellen: 00, 01, ... bis 99. Bei drei Ziffern sind 10 x 10 x 10 = 1.000 Zahlen möglich: 000, 001, ... bis 999.

Ich hoffe, du fängst an, ein Muster zu erkennen. Um herauszufinden, wie groß eine Zahl ist, die wir mit N Ziffern darstellen können, multiplizieren wir 10 N-mal mit sich selbst, also 10^N, oder 10 hoch N.

Die binäre Methode funktioniert genauso. Das einzige, was sich ändert, ist die Anzahl der uns zur Verfügung stehenden Ziffern. Während wir es gewohnt sind, mit zehn Ziffern zu arbeiten, kann eine *binäre Ziffer* oder ein *Bit* nur zwei Werte haben: Null und Eins.

Wenn ein Bit zwei Werte darstellen kann, dann können zwei Bits 4 Werte darstellen: 00, 01, 10, 11. Du kannst dies berechnen, indem du 2 x 2 multiplizierst, da jede Ziffer zwei Werte haben kann.

Drei Bits können $2 \times 2 \times 2 = 2^3 = 8$ Werte darstellen, und zwar: 000, 001, 010, 011, 100, 101, 110, 111.

Eine *Binärzahl,* die N *Bits* lang ist, kann 2^N verschiedene Werte darstellen.

Daher beträgt die Anzahl der eindeutigen Werte, die man mit 256 Bit darstellen kann, die Größe der sha256-Hashing-Funktion, 2^{256}. Das ist eine riesige, fast unvorstellbare Zahl. In dezimaler Form dargestellt, ist diese Zahl 78 Stellen lang. Um dies ins rechte Licht zu rücken: Sie besitzt die gleiche Größenordnung wie die geschätzte Anzahl der Atome im bekannten Universum.

2^{256}=115.792.089.237.316.195.423.570.985.008.687.907.853.26
9.984.665.640.564.039.457.584.007.913.129.639.936

Dies ist die Anzahl der möglichen Outputs, wenn man eine beliebige Zeichenkette mit der sha256-Hash-Funktion hasht. Daher ist es praktisch unmöglich, vorherzusagen, wie die von dieser Funktion erzeugte Zahl aussehen wird. Es wäre so, als würde man 256 Münzwürfe in einer Reihe vorhersagen oder den Ort eines bestimmten Atoms erraten, das ich irgendwo im Universum ausgewählt habe.

Die Zahl ist zu lang, um sie immer wieder auszuschreiben, also sagen wir von nun an einfach 2 , aber ich hoffe, dass dies für dich ein Gedankenbild eines Universums von Möglichkeiten erzeugt.

Lasst uns ein bisschen Hashen

Hier sind einige Beispiel-Strings und ihre sha256-Hashes. Ich habe ihre Outputs als Dezimalzahlen angezeigt, obwohl sie in einem Computer als binäre Zeichenfolge aus Einsen und Nullen erscheinen würden.

Es geht hier darum zu zeigen, wie drastisch sich die Zahl aufgrund einer kleinen Änderung der Eingabezeichenkette (Input String) ändert. Du kannst die von der Hash-Funktion erzeugte Ausgabe nicht basierend auf dem vorhersagen, was du in die Hash-Funktion eingegeben hast:

"Hello world!"

86991366044392467661783165166973309023807181648024718778313526389892860994842

"Hello world!!"

84940227720695898955447627108840424364390283616735576803008868844073193772558

Es gibt keine Möglichkeit für irgendjemanden, nicht einmal für einen Computer, die resultierende zufällig aussehende Zahl zu betrachten und die ursprüngliche Zeichenfolge herauszufinden, die sie erzeugt hat. Wenn du mal mit sha256 herumspielen möchtest, kannst du es unter https://passwordsgenerator.net/sha256-hash-generator ausprobieren.

Hashing für den Gewinn der Proof-of-Work-Lotterie

Jetzt sind wir bereit, über das entscheidende Quäntchen Magie zu sprechen. Wir haben festgestellt, dass es insgesamt 2^{256} mögliche sha256 Ausgabewerte gibt. Um es leichter verständlich zu machen, nehmen wir einfach an, dass es insgesamt nur 1.000 mögliche Hash-Outputs gibt.

So funktioniert das Lotteriesystem:

1. Alice kündigt an, dass sie Bob 2 € schicken will.
2. Alle Spieler der "Lotterie" nehmen diese Transaktion "Alice gibt Bob 2 €" und fügen am Ende eine Zufallszahl namens "Nonce" (number used once - nur einmal verwendete Zahl) hinzu. Damit soll sichergestellt werden, dass die Zeichenfolge, die sie verwenden, sich von allen anderen unterscheidet, um eine Gewinnzahl zu finden.
3. Wenn diese Zahl kleiner ist als die *Zielnummer* (dazu kommen wir im nächsten Kapitel), gewinnen sie die Lotterie.
4. Wenn die Zahl, die sie erhalten, größer ist als die Zielnummer, dann hashen sie dasselbe noch einmal mit einer anderen zufälligen Nonce: "Alice gibt Bob 2€ Nonce=12345", dann "Alice gibt Bob 2 € Nonce=92435", dann "Alice gibt Bob 2 € Nonce=132849012348092134", und so weiter, bis die resultierende Hash-Zahl kleiner als die Zielnummer ist.

Es kann viele, viele Versuche erfordern, um einen Hash zu finden, der kleiner als die Zielnummer ist. Wir können in der Tat kontrollieren, wie oft jemand bei dieser Verlosung gewinnen kann, indem wir die Wahrscheinlichkeit kontrollieren, dass er eine Gewinnzahl findet. Wenn es 1.000 mögliche Hashes gibt und wir die Zielnummer auf 100 setzen, wie viel Prozent der Hashes sind dann unter dem Ziel?

Dies ist grundlegende Mathematik: 100 von 1.000 möglichen Zahlen oder 100/1.000 = 10% der Hashes sind kleiner als das Ziel. Wenn man also eine beliebige Zeichenfolge hashen und die Hash-Funktion 1.000 verschiedene Ausgaben erzeugt, dann erwartet man in etwa 10% der Fälle einen Hash, der unter dem Zielwert von 100 liegt.

So funktioniert die Lotterie: Wir einigen uns auf eine Zielnummer, dann nehmen wir alle Transaktionen, von denen uns die Leute erzählt haben, und hashen sie mit einer zufälligen Nonce am Ende. Sobald jemand einen Hash findet, der unter der Zielnummer steht, verkünden wir ihn allen Anderen im Netzwerk:

Hallo zusammen:

- Ich habe folgende Transaktionen übernommen: "Alice schickt Bob 2 €, Charlotte schickt Alice 5 €".
- Ich habe die Nonce "32895" hinzugefügt.
- Es ergab einen Ausgabe-Hash von 42, was unter dem Ziel von 100 liegt.
- Hier ist mein Arbeitsnachweis (Proof of Work): die Transaktionsdaten, die von mir verwendete Nonce und der Hash, der auf der Grundlage dieser Eingaben erstellt wurde.

Es mag mich vielleicht Milliarden von Hashing-Versuchen gekostet haben, um dorthin zu gelangen, wobei ich Tausende von Euro an Energie verbraucht habe, aber alle anderen können sofort bestätigen, dass ich diese Arbeit tatsächlich geleistet habe.

Da ich ihnen sowohl die Eingabedaten (Transaktionen und Nonce) als auch die erwartete Ausgabe (die Hash-Nummer) gegeben habe, können sie denselben Hash in einem Versuch durchführen und überprüfen, ob ich ihnen die richtigen Daten gegeben habe.

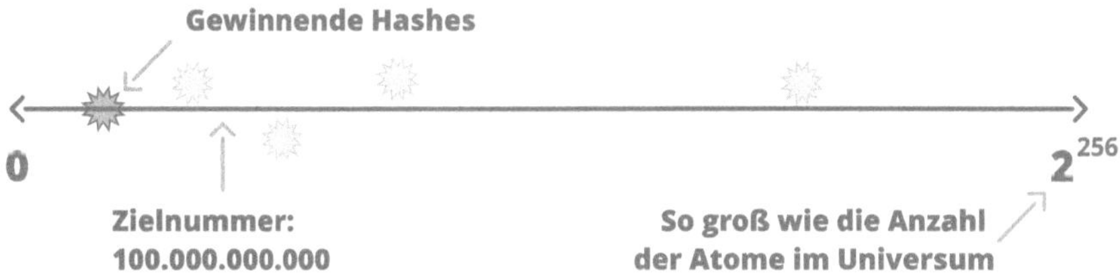

Wir können uns das Hashing wie das Werfen eines riesigen Würfels vorstellen, der auf der Grundlage der Eingabedaten, die aus Transaktionen bestehen, Zahlen von Null bis zur Anzahl der Atome im Universum erzeugt. Nur Hashes unter dem Zielwert gewinnen die Auslosung, und man muss zeigen, welche Daten man zur Herstellung des Hashes verwendet hat.

Wie hängt dies mit dem Energieverbrauch zusammen? Nun, wir haben bereits gesagt, dass die Menge aller möglichen Hashes in Wirklichkeit eine riesige Zahl ist, die etwa so groß ist wie die Anzahl der Atome im Universum. Jetzt können wir das Ziel so niedrig setzen, dass nur ein winziger Bruchteil der Hashes gültig ist. Das bedeutet, dass jeder, der einen gültigen Hash finden will, eine riesige Rechenzeit und damit Strom verbrauchen muss, um eine Hash-Zahl zu finden, die kleiner ist als unser Ziel.

Je kleiner der Zielwert, desto mehr Versuche sind nötig, um eine geeignete Zahl zu finden. Je größer der Zielwert, desto schneller können wir einen siegreichen Hash finden. Wenn unsere Chancen, den Zielwert zu treffen, eine Million zu Eins betragen, dann beweisen wir indem wir ihn getroffen haben, dass wir ungefähr eine Million Berechnungen durchgeführt haben.

4 | Mining

Der Prozess des Durchspielens der Proof-of-Work-Lotterie, um Zugang zum Schreiben in den Bitcoin-Ledger zu gewinnen, ist im Volksmund als *Mining* (eine Analogie zum Bergbau) bekannt. Und so funktioniert es:

1. Jeder auf der Welt, der teilnehmen möchte, tritt dem Bitcoin-Netzwerk bei, indem er seinen Computer verbindet und nach Transaktionen Ausschau hält.
2. Alice kündigt ihre Absicht an, Bob einige Coins zu schicken. Die Computer im Netzwerk plaudern miteinander, um diese Transaktion an jeden im Netzwerk zu verbreiten.
3. Alle Computer, die an der Auslosung teilnehmen wollen, beginnen mit dem Hashing der Transaktionen, von denen sie gehört haben, indem sie zufällige Nonces an die Transaktionsliste anhängen und sha256-Hash-Funktionen ausführen.
4. Etwa alle zehn Minuten findet irgendein Computer durchschnittlich eine aus diesen Transaktionen abgeleitete Hash-Zahl, die kleiner als die aktuelle Zielnummer ist, und gewinnt die Lotterie.
5. Dieser Computer gibt die gefundene Gewinnzahl sowie die

Inputs (Transaktionen und Nonce) bekannt, die er zur Erstellung der Gewinnzahl verwendet hat. Es kann Stunden oder einige Minuten gedauert haben, um dorthin zu gelangen. Diese Informationen zusammengenommen (Transaktionen, Nonce und der Hash des Arbeitsnachweises) werden als *Block* bezeichnet.

6. Alle anderen bestätigen den Block, indem sie prüfen, ob die Transaktionen im Block zusammen mit der Nonce tatsächlich zu dem passen, was behauptet wurde, ob der Hash-Wert tatsächlich niedriger ist als die Zielnummer und ob der Block keine ungültigen Transaktionen enthält sowie, dass die Historie innerhalb des Blocks nicht mit früheren Blöcken in Konflikt steht.
7. Jeder schreibt den Block in seine Kopie des Ledgers und fügt ihn in die bestehende Kette von Blöcken ein, wodurch eine *Blockchain* (Blockkette) entsteht.

Das war's. Wir haben unseren ersten Block produziert und unseren ersten Eintrag in unser Ledger erzeugt.

Vielleicht hast du die in den Medien oft wiederholte Aussage gelesen, dass beim Bitcoin-Mining komplexe Gleichungen gelöst werden müssen. Nun verstehst du, dass dies völlig falsch ist. Anstatt Gleichungen zu lösen, geht es bei der Bitcoin-Mining-Lotterie darum, wiederholt einen riesigen virtuellen Würfel zu rollen, um innerhalb eines bestimmten Zielintervalls einen Hash zu erzeugen. Es ist einfach ein Glücksspiel, das die Verwendung einer bestimmten Menge an Elektrizität erzwingt.

Wie werden neue Bitcoins erschaffen?

Bisher haben wir besprochen, wie Alice 2 € an Bob senden kann. Wir werden nun aufhören, über Euros zu reden, denn Bitcoin weiß nichts über Euros. Was wir haben, sind die Bitcoins selbst: digitale Einheiten, die im Bitcoin-Netzwerk einen Wert darstellen.

Um unser Beispiel zu wiederholen: Was tatsächlich passiert, ist, dass Alice 2 Bitcoins an Bob sendet, indem sie ankündigt, dass sie Bitcoins, die in ihrem "Konto" registriert sind, an Bob sendet. Jemand gewinnt dann die Proof-of-Work-Auslosung und darf ihre Transaktion in das Ledger schreiben.

Aber woher hat Alice diese 2 Bitcoins ursprünglich bekommen? Wie hat Bitcoin angefangen, und wie hat jemand Coins erworben, bevor es Orte gab, an denen man sie für traditionelle Fiat-Währungen wie den Euro kaufen konnte?

Als Satoshi Bitcoin schuf, hätte er eine Datenbank anlegen können, in der er sämtliche 21 Millionen Coins hält, und andere Leute bitten können, sie von ihm zu kaufen. Es gäbe jedoch kaum einen Grund für Menschen, einem System, in dem eine Person den gesamten Reichtum besitzt, einen Wert zuzuschreiben. Er hätte ein Register erstellen können, in das sich die Leute eintragen könnten, um die Chance zu haben, einige Coins mit einer E-Mail-Adresse zu gewinnen, aber das wäre anfällig für *Sybil-Attacken* (Imitationen), da das Generieren von Millionen von E-Mail-Adressen nahezu kostenlos ist.

Der Prozess des Minings von Bitcoin, d.h. der Prozess des Durchführens der Proof-of-Work-Lotterie und des Erhaltens von Zugriff auf das Ledger, ist genau das, was neue Coins erschafft. Wenn man einen gültigen Block findet, indem man eine große Menge an Energie verbrennt und eine Zahl findet, die in der Lotterie gewinnt, kann man alle Transaktionen, von denen man gehört hat, in diesen Block und damit in das Ledger schreiben. Man darf aber auch eine ganz besondere zusätzliche Transaktion, die so genannte *Coinbase-Transaktion,* in das Ledger schreiben. Diese Transaktion besagt im Wesentlichen: "12,5 Bitcoin wurden kreiert und Mary, der Minerin, gegeben, um sie dafür zu entschädigen, dass sie all diese Energie für das Mining dieses Blocks aufgewendet hat."

Auf diese Weise werden neue Bitcoins geschaffen. Dieser Prozess erlaubt es absolut jedem auf der Welt, ohne zentrale Autorität und ohne sich zu identifizieren, mit der Erschaffung seiner eigenen Bitcoins zu beginnen, solange er bereit ist, die Kosten für den Strom zu bezahlen, der für das Spielen in dieser Lotterie benötigt wird. Dies macht die Herausgabe von Bitcoins resistent gegen eine *Sybil-Attacke*. Wenn man Coins erschaffen will, muss man Energie verbrauchen und Geld ausgeben, um sie minen zu können.

Der Block-Reward (Blockprämie)

Die Person, die im Wettbewerb gewinnt, erhält also eine bestimmte Anzahl an neu erschaffenen Coins. Warum sind es ausgerechnet 12,5 Bitcoins und nicht 1.000? Warum kann sie das System nicht betrügen und sich selbst irgendeinen Betrag auszahlen?

Bitcoin ist ein System des *verteilten Konsensus*. Dies bedeutet, dass sich alle über das, was gültig ist, einigen müssen. Erreicht wird dieses Ziel durch die Ausführung von Software auf ihren Computern, die einen bekannten Satz von Regeln, die als die Bitcoin-Konsensregeln bekannt sind, durchsetzt. Jeder von einem Miner produzierte Block wird durch diese Regeln validiert. Wenn er durchkommt, wird ihn jeder in sein Ledger schreiben und ihn als Wahrheit akzeptieren. Wenn nicht, wird der Block abgelehnt.

Obwohl die vollständige Liste der Konsensregeln ziemlich komplex ist, liste ich hier einige Beispiele auf:

- Ein gültiger Block kann immer nur eine bestimmte Anzahl an Bitcoins erzeugen, die durch den in die Software geschriebenen Ausgabeplan festgelegt ist.
- Transaktionen müssen korrekte Signaturen aufweisen, die anzeigen, dass die Personen, die diese Coins ausgeben, diese Ausgaben ordnungsgemäß bewilligt haben.
- Es darf keine Transaktionen geben, bei denen Coins ausgegeben werden, die zuvor in diesem oder einem früheren Block ausgegeben wurden.

- Die Daten in dem Block dürfen eine bestimmte Größe nicht überschreiten.
- Der Proof-of-Work-Hash des Blocks muss unter der aktuellen Zielnummer liegen, was die statistische Unwahrscheinlichkeit belegt, dass dieser Block auf andere Weise geschürft wurde, als durch den Verbrauch einer bestimmten Menge an Strom.

Wenn Mary einen Block schürft und sich selbst ein kleines Extra gibt, wird der Computer aller anderen Benutzer diesen Block als *ungültig ablehnen*, weil es in der Bitcoin-Client-Software, die jeder ausführt, eine programmierte Regel gibt, die besagt: "Die aktuelle Blockprämie beträgt genau 12,5 Bitcoin. Sollte ein Block angezeigt werden, der jemandem mehr als diese Anzahl gewährt, dann akzeptiere ihn nicht".

Wenn Mary nun versucht zu betrügen und einen *ungültigen* Block zu erzeugen, wird kein Teilnehmer diesen Block in sein Ledger schreiben. Stattdessen hat Mary Tausende von Euro verschwendet, um etwas zu produzieren, das niemand will: eine Betrügerei. Dies verleiht Bitcoin eine *unfälschbare Kostspieligkeit,* ein Begriff, den der Pionier der digitalen Währungen, Nick Szabo, in seinem Aufsatz *Shelling Out* geprägt hat. Intuitiv wissen wir, dass jede Art von Geld, das sich leicht fälschen lässt, als Geld nicht sehr nützlich ist. Bitcoin ist faktisch unmöglich zu fälschen, da es sich durch einen einfachen mathematischen Check überprüfen lässt.

Satoshi hat seinerzeit den allerersten *Genesis-Block* geschürft, der erste jemals produzierte Block, um die ersten jemals produzierten Bitcoins zu erzeugen. Der Code ist Open Source, was bedeutet, dass jeder einen Blick auf die Funktionsweise werfen und bestätigen kann, dass unter der Haube nichts faul ist. Aber selbst Satoshi musste Milliarden von Berechnungen durchführen und die Proof-of-Work-Lotterie durchspielen, um die ersten Blöcke zu gewinnen. Er konnte keine Fälschung herstellen, indem er die Ausgaben für den benötigten Strom vortäuschte, obwohl er der Schöpfer des Systems war.

Jeder, der dem Netzwerk nach ihm beitrat, konnte seine generierte Hash-Nummer mit den ursprünglichen Ziel- und Transaktionsdaten vergleichen, um zu verifizieren, dass er tatsächlich ein statistisch seltenes Ziel getroffen hatte, indem er eine bestimmte Menge an Energie verbrauchte. Man stelle sich nur vor, man könnte auf diese Art und Weise, präzise und in Echtzeit, überprüfen wie das traditionelle Fiat-Bankensystem Geld schöpft!

Das Halving

Beim Mining entstehen neue Bitcoins. Aber Satoshi wollte ein System, das nicht *entwertet* werden kann. Er wollte nicht, dass sich die Geldmenge fortwährend ausdehnt. Stattdessen entwarf er einen Emissionszeitplan, der zügig anlief und sich im Laufe der Zeit in Richtung Null neue Coins pro Jahr zuspitzt.

Am Anfang betrug der Block-Reward 50 Bitcoins, damit wurde also auch Satoshi für das Produzieren des ersten Blocks belohnt, ebenso wie die anderen Leute, die sich dem Netzwerk in den frühen Tagen angeschlossen und die ersten Blöcke geschürft haben.

Der Bitcoin-Code erzwingt eine Halbierung der Blockprämie, die die Belohnung etwa alle vier Jahre um die Hälfte reduziert und Halving genannt wird. Die Halbierung basiert auf der Anzahl der produzierten Blöcke und nicht auf dem zeitlichen Verlauf, was sich aber nichts gibt, da neue Blöcke im Durchschnitt etwa alle zehn Minuten produziert werden.

Die Blockprämie betrug 2008: 50, 2012: 25 und 2016: 12,5 Bitcoins. Bis heute, 2. Februar 2020, wurden seit Beginn der Geschichte von Bitcoin 615.642 Blöcke produziert, und die Belohnung beträgt derzeit 12,5 Bitcoin pro Block.

In 14.358 Blöcken ab jetzt, oder etwa Ende Mai 2020, wird die Prämie auf 6,25 Bitcoins pro Block halbiert, was zu einer jährlichen Zuwachsrate der

Geldmenge von etwa 1,8% führt. Zwölf Jahre später, nach drei weiteren Halbierungen der Prämie, werden bereits mehr als 99% der gesamten, jemals vorhandenen Bitcoins geschürft worden sein und weniger als 1 Bitcoin pro Block produziert werden. Sie können den Fortschritt der Block-Reward-Halbierung auf bitcoinblockhalf.com verfolgen.

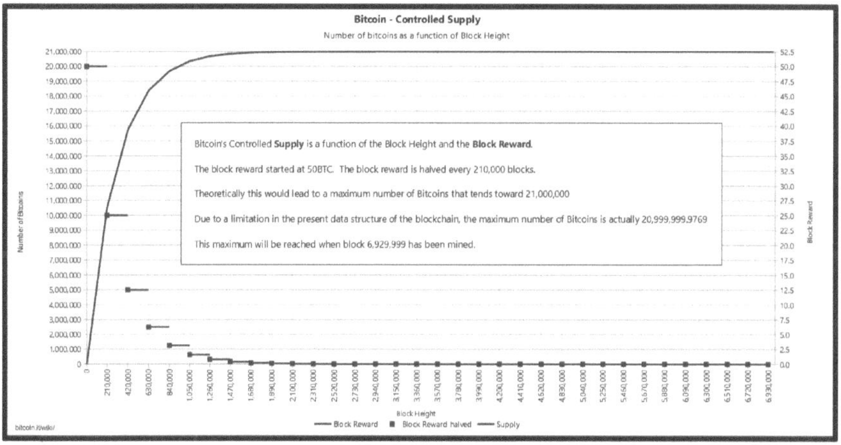

https://en.bitcoin.it/w/images/en/4/42/Controlled_supply-supply_over_block_height.png

Irgendwann, um das Jahr 2140 herum, wird die Blockprämie vollständig verschwinden, und die Miner werden nur noch durch Transaktionsgebühren, welche von denjenigen bezahlt werden, die die Transaktionen durchführen, einen finanziellen Anreiz erhalten.

Diese Vergabe- und Block-Reward-Abläufe sind im Bitcoin-Code festgeschrieben, der, um es noch einmal zu wiederholen, vollständig quelloffen ist und von jedem validiert werden kann. Je nachdem, wie weit wir in der Geschichte von Bitcoin fortgeschritten sind, wird die Erzeugung eines Blocks, der diesen Regeln nicht entspricht, dazu führen, dass man von allen anderen abgelehnt wird, die nach den gleichen Regeln spielen, die im Code vorgegeben werden.

Kontrolle des Emissions- und Miningintervalls

Das Mining erfordert Computer-Hardware und Elektrizität. Je mehr Hardware und Elektrizität man also kontrolliert, desto wahrscheinlicher ist es, dass man die Gewinnerzahl vor allen anderen Personen findet. Wenn es beispielsweise 100 Computer mit gleicher Leistung im Netzwerk gibt und man 10 davon steuert, dann wird man *in etwa* 10% der Fälle den Gewinnerblock finden. Allerdings ist das Mining ein Prozess, der auf Glück und Zufälligkeit basiert, so dass es möglich ist, dass Stunden oder sogar Tage vergehen können, ohne dass man jemals einen Block findet.

Wir wissen aus dem vorigen Abschnitt, dass sich Miner nicht einfach willkürlich Blockprämien gewähren können, sonst würden sie von den anderen Netzwerkknoten abgelehnt. Aber was ist, wenn sie eine ganze Menge Energie verbrauchen, um das Mining von Blöcken zu beschleunigen und eine ganze Menge an Bitcoins in die Finger zu bekommen, was gegen die Bedingung verstößt, dass der Zeitplan für die Emission im Voraus bekannt sein muss?

Lasst uns noch einmal das Beispiel anführen, dass es nur 1.000 mögliche Hashes gibt und unsere Zielnummer 100 ist. Das bedeutet, dass wir in 10% der Fälle eine Zahl würfeln, die kleiner als 100 ist, und einen Block finden.

Sagen wir, wir brauchen 1 Sekunde, um die einzelnen Hashes zu berechnen. Wenn wir in jeder Sekunde durch Hashing der aktuellen Transaktionen und unserer zufälligen Nonce "würfeln" und in 10% der Fälle eine Zahl treffen, die kleiner ist als das Ziel, dann erwarten wir, dass wir im Durchschnitt etwa 10 Sekunden brauchen, um einen gültigen Hash zu finden.

Was passiert, wenn zwei Computer an der Lotterie teilnehmen? Sie hashen doppelt so schnell, sodass wir erwarten, dass innerhalb von 5 Sekunden ein gültiger Hash gefunden wird. Was passiert, wenn 10 Computer spielen? Einer von ihnen wird etwa jede Sekunde einen gewinnenden Hash finden.

Dies stellt uns vor ein Problem. Wenn mehr Menschen Mining betreiben, dann werden die Blöcke zu schnell produziert. Dies führt zu zwei Ergebnissen, die nicht erwünscht sind:

1. Es beeinträchtigt die Absicht, einem vorgegebenen Zeitplan für die Emission neuer Coins zu folgen. Wir wollen, dass eine relativ konstante Anzahl von Bitcoins pro Stunde erschaffen wird, um sicherzustellen, dass wir erst im Jahr 2140 den letzten Coin erschaffen haben, und nicht schon vorher.
2. Es schafft Netzwerkprobleme: Wenn Blöcke so schnell geschürft werden, dass sie nicht die Zeit haben, das gesamte Netzwerk zu erreichen, bevor der nächste produziert wird, dann können wir keinen Konsens über eine einheitliche Historie von Transaktionen erzielen, da mehrere Miner dieselbe Transaktion in ihre Blöcke aufnehmen könnten, was dazu führt, dass Blöcke ungültig sind, weil sie Transaktionen enthalten, die bereits in anderen Blöcken durchgeführt wurden.

Und wenn weniger Menschen Mining betreiben, schaffen wir das gegenteilige Problem:

1. Die Ausgabe von Bitcoins erfolgt zu langsam, was wiederum den Zeitplan für die Ausgabe von Bitcoins beeinträchtigt.
2. Das System kann unbrauchbar werden, da die Menschen Stunden, Tage oder länger warten, um eine Transaktion in das Ledger geschrieben zu bekommen.

Dabei sei angemerkt: Die Gesamtzahl der Hashes pro Sekunde, die von allen Minern des Bitcoin-Netzwerks durchgeführt werden, wird als *Hashrate* bezeichnet.

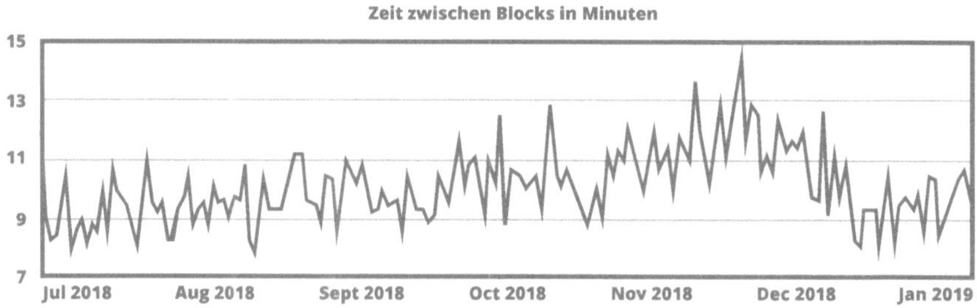

Die Zeit zwischen den Blöcken variiert je nach Hashrate, die steigt und fällt, sowie der Zufallswahrscheinlichkeit.

Die Schwierigkeitsanpassung: Einigung auf das Ziel

Da es sich bei Bitcoin um ein freiwilliges und genehmigungsfreies System handelt, an dem die Menschen nach Belieben teilnehmen können, ohne dass jemand die Kontrolle hat, wird die Anzahl der Miner zu jedem Zeitpunkt stark variieren. Wir brauchen eine Möglichkeit, die Blockproduktion konstant zu halten, so dass sie nicht jedes Mal, wenn neue Miner hinzukommen oder bestehende Miner gehen, beschleunigt und gebremst wird.

Wie können wir es schwieriger machen, gültige Hashes zu finden, wenn mehr Spieler der Lotterie beitreten, und einfacher, wenn Spieler die Lotterie verlassen, um die Ausgabe und die Blockzeiten konstant zu halten?

Erinnere dich daran, dass das Bitcoin-Mining eine Lotterie ist, bei der wir versuchen, eine Zufallszahl zu produzieren, die kleiner als die Zielnummer ist:

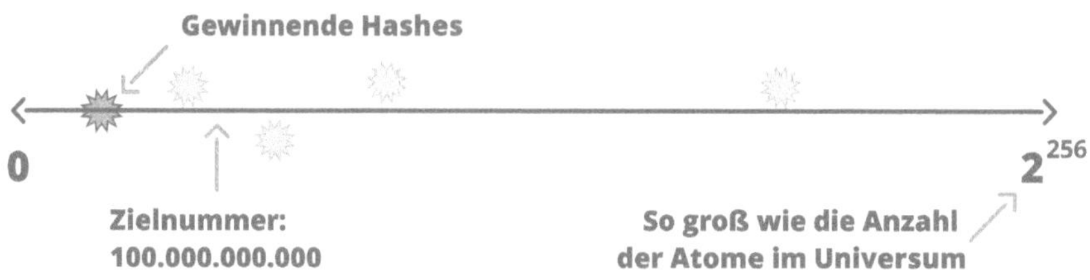

Wir versuchen, diesen kleinen Bereich zu treffen. Die Zahl der möglichen Ergebnisse ist extrem groß, so dass wir durch zufälliges Würfeln sehr lange brauchen werden, um zum Ziel zu gelangen.

Bitcoin löst dieses Problem mit einer Schwierigkeitsanpassung beim *Mining (Difficulty Adjustment)*. Da alle den gleichen Code ausführen, der die gleichen Regeln durchsetzt, und jeder eine Kopie der gesamten Historie der Blöcke bis zu diesem Punkt hat, kann jeder unabhängig voneinander berechnen, wie schnell Blöcke produziert werden.

Jedes Mal, wenn wir 2.016 Blöcke produzieren, was in etwa zwei Wochen dauert[1], blicken wir zurück und stellen fest, wie lange wir für die Produktion dieser Blöcke gebraucht haben, und passen dann unsere Zielnummer an, um die Blockproduktion zu beschleunigen oder zu verlangsamen.

Jeder nimmt die letzten 2.016 Blöcke und teilt sie durch die Zeit, die sie für die Produktion benötigten, um einen Durchschnitt zu bilden. Dauerte es im Schnitt mehr als zehn Minuten? Wir sind zu langsam. Waren es weniger als zehn Minuten? Wir sind zu schnell.

Jetzt können wir eine Anpassung der Zielnummer vornehmen, so dass sie proportional dazu angehoben oder gesenkt wird, wie viel schneller oder langsamer wir werden müssen um die Zielvorgabe des 10-Minuten-Intervalls zu erreichen, das im offenen Bitcoin-Quellcode festgeschrieben ist.

Wir können die Zielnummer auf eine höhere Zahl heraufsetzen, wodurch ein größerer Raum gültiger Hashes geschaffen wird und die Miner eine höhere Chance haben, einen gewinnenden Hash zu finden, wodurch weniger Energie pro gefundenem Block verbraucht wird. Dies wird als *Senkung der Schwierigkeit* bezeichnet.

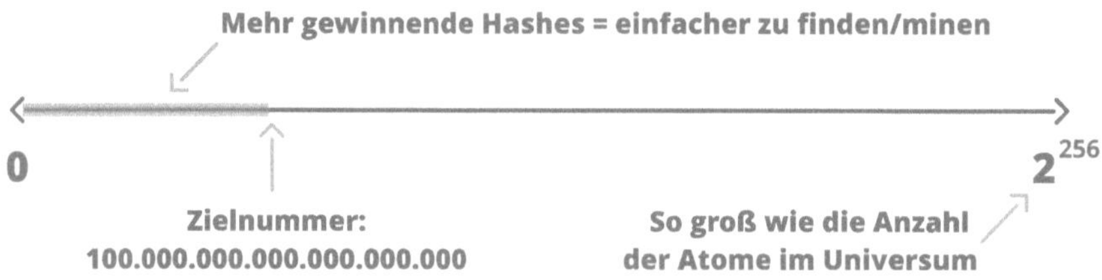

Eine Erhöhung des Ziels vergrößert den Bereich, den wir treffen müssen, und macht es dadurch wahrscheinlicher, in weniger Versuchen zu treffen, und macht es somit auch billiger in Bezug auf die verbrauchte Energie

Alternativ können wir die Zielnummer auch senken, so dass weniger Hashes gültig sind und die Miner mehr Energie aufwenden müssen, um einen gültigen Block-Hash zu finden. Das nennt man die *Schwierigkeit erhöhen.*

Das bedeutet, dass wir für jede neue Periode von 2.016 Blöcken genau wissen, wie hoch die Zielnummer ist. Damit wissen wir die magische Schwelle, unter die die Hash-Zahl des Proof of Work fallen muss, um ein Gewinnlos für jeden innerhalb dieses Zeitraums hergestellten Block zu haben.
Die Schwierigkeitsanpassung und Zielnummernberechnung ist möglicherweise die Schlüsselinnovation von Bitcoin, die es jedem ermöglicht, unabhängig Lottozahlen auf der Grundlage eines Ziels zu überprüfen, das er selbständig und genau wie jeder andere auch berechnen kann. Dies

ermöglicht es uns, eine Lotterie zu betreiben, ohne dass uns jemand die Gewinnkombination verraten muss.

Die untenstehende Grafik zeigt die Hashrate als Linie und die Schwierigkeit als Balken über die Zeit. Die Schwierigkeit sieht wie eine Treppe aus, da sie in Schritten von 2.016 Blöcken angepasst wird. Man sieht, dass jedes Mal, wenn die Hashrate über den Schwierigkeitsgrad steigt, der Schwierigkeitsgrad ansteigt, um die Hashrate aufzuholen. Wenn die Hashrate sinkt, wie es zwischen Oktober und Dezember 2018 der Fall war, sinkt der Schwierigkeitsgrad. Die Schwierigkeitsanpassung hinkt immer hinterher, egal was die Hashrate innerhalb der aktuellen Periode der 2.016 Blocks (zwei Wochen) tut.

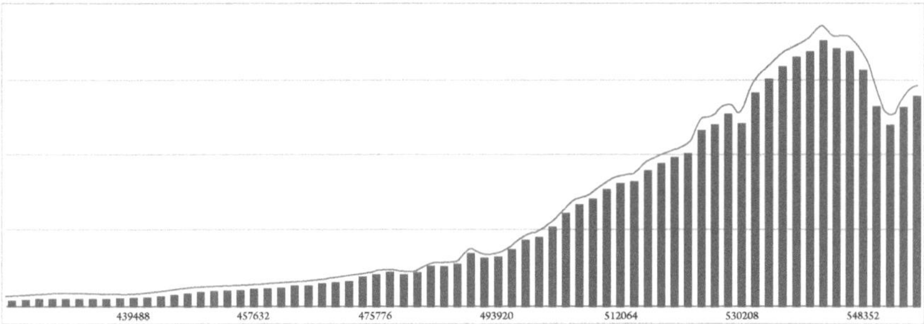

Hashrate vs. Schwierigkeit (Difficulty)

Da es eine Verzögerung von 2.016 Blocks für die Schwierigkeitsanpassung gibt, ist es möglich, dass die Hashrate in diesem Zeitraum massiv nach oben oder unten wandert und die Produktion von Bitcoins über- oder unterschritten wird, was einen leichten Verstoß gegen den Ausgabeplan darstellt.

Weil das Hinzufügen von Hashrate in der Regel die Produktion einer großen Menge neuer Hardware bedeutet, sind Spitzen relativ ungewöhnlich und haben keine allzu großen Auswirkungen. Etwaige Spike-Effekte sind auf das 2016-Blöcke-Fenster beschränkt, in dem sie auftreten, da die folgende Schwierigkeitsanpassung uns wieder auf den Durchschnitt von zehn Minuten pro Block zurückbringt.

Hashrate und der Euro-Wert von Bitcoin

Bitcoin berechnet den Schwierigkeitsgrad automatisch auf der Grundlage der Gesamtrechenleistung aller Lotteriespieler, d. h. der Miner, die durch Hashing Energie verbrauchen. Hier fängt die reale Welt an, unsere digitale Welt zu berühren. Der Preis von Bitcoin, der Preis von Hardware und Energie und die Schwierigkeit der Zielnummer erzeugen Rückkopplungsschleifen:

1. Spekulanten kaufen Bitcoins, weil sie glauben, dass sie im Wert steigen und treiben so den Preis auf X € hoch.
2. Miner geben bis zu X € an Energie und Hardware aus, um zu versuchen, Bitcoins zu minen.
3. Eine hohe Nachfrage der Käufer verursacht einen Preisanstieg und treibt mehr Miner dazu, Bitcoins mit einem stattlichen Gewinn zu minen.
4. Mehr Miner bedeuten mehr Hashrate und mehr Energieaufwand für die Produktion von Bitcoins, und das Netzwerk wird noch sicherer. Die Käufer sind von der Sicherheit von Bitcoin überzeugt, was manchmal zu einer Rückkopplungsschleife führt, die den Preis noch weiter in die Höhe treibt.
5. Nachdem die 2.016 Blöcke durchlaufen sind, führt das Vorhandensein einer neu festgelegten Hashrate zu einer Schwierigkeitsanpassung nach oben.
6. Eine höhere Schwierigkeit bedeutet, dass die Miner durch die niedrigere Zielnummer weniger häufig Blöcke finden, was zumindest einige von ihnen veranlasst, mehr als X € an Betriebskosten für das Mining von Coins auszugeben.
7. Einige Miner werden unrentabel und geben mehr Energie für das Mining aus, als sie durch den Verkauf der Bitcoins verdienen

können. Sie schalten ihre Mining-Geräte aus, und die Gesamt-Hashrate sinkt.

8. Weitere 2.016 Blöcke vergehen. Die Schwierigkeit wird neu berechnet und wird leichter, da einige Miner offline gegangen sind. Die Zielnummer wird erhöht.
9. Ein geringerer Schwierigkeitsgrad bedeutet, dass Miner, die zuvor unrentabel waren, wieder online gehen können, oder neue Miner können dem Spiel beitreten.
10. Gehe zu 1.

In einem fallenden Markt kann der Zyklus in die andere Richtung gehen, wobei die Nutzer Coins abstoßen, wodurch der Preis sinkt und die Miner unprofitabel werden.

Der Algorithmus zur Schwierigkeitsanpassung stellt sicher, dass es immer ein Gleichgewicht zwischen dem Preis und der Höhe der Mining-Hashrate im Netzwerk gibt. Selbst wenn der Preis drastisch fallen und die Hälfte der aktuellen Hashrate abspringen würde, würde die anschließende Schwierigkeitsanpassung das Mining zum neuen Gleichgewichtspreis wieder rentabel machen.

Die Beschaffenheit der Schwierigkeitsanpassung verdrängt ineffiziente Miner zugunsten derer, die mit der billigsten Energie und den niedrigsten Gesamtbetriebskosten arbeiten. Mit der Zeit zwingt dies die Miner, in entlegenere Teile der Welt zu gehen und Energiequellen zu nutzen, die nicht oder nur unzureichend genutzt werden. In einem CoinShares-Bericht[2] aus dem Jahr 2019 wird geschätzt, dass etwa 75% des Bitcoin-Minings mit erneuerbarer Energie durchgeführt wird.

In den letzten Jahren ist der Preis sehr rasch angestiegen, ebenso wie die Gesamt-Hashrate. Je höher die Hashrate ist, desto schwieriger ist es, das Netzwerk anzugreifen, denn um zu kontrollieren, was in den nächsten Block geschrieben wird, müsste man genug Energie und Hardware zur Verfügung haben um mehr als die Hälfte des gesamten Netzwerks kontrollieren zu können. Heute wird der Energieaufwand des Netzwerks der Bitcoin-Miner als ähnlich hoch eingeschätzt wie der eines mittelgroßen Landes.

Gebühren und das Ende der Block-Rewards

Wenn die Blockprämie irgendwann ausläuft, wie wollen wir dann weiterhin Anreize für die Miner schaffen, weiterhin Energie zu verbrauchen, um das Ledger zu sichern? Die Antwort von Bitcoin sind Transaktionsgebühren. Sie ersetzen nicht nur die Blockprämie im Laufe der Zeit, sondern geben den Minern im Allgemeinen einen Anreiz, Transaktionen in Blöcken zu erfassen, damit sie nicht nur leere Blöcke minen um die Belohnung zu erhalten.

Die Gebühren werden durch ein marktwirtschaftliches System bestimmt, bei dem die Nutzer für den knappen Platz in einem Block mitbieten. Nutzer, die Transaktionen senden, geben an, wie viel Gebühren sie bereit sind, an die Miner zu zahlen, und die Miner können Transaktionen, die sie sehen, je nach Gebühren einbeziehen oder auch nicht. Wenn nur wenige Transaktionen darauf warten, in den nächsten Block zu gehen, sind die Gebühren in der Regel sehr niedrig, da es keinen Wettbewerb gibt. Wenn sich der Platz im Block füllt, sind die Nutzer bereit, höhere Gebühren zu zahlen, damit ihre Transaktionen schneller bestätigt werden können (innerhalb des nächsten Blocks). Diejenigen, die nicht zahlen wollen, können ihre Gebühren immer niedrig ansetzen und länger warten, um zu einem späteren Zeitpunkt, wenn der Blockplatz leichter verfügbar ist, zu einem Block hinzugefügt zu werden.

In traditionellen Finanzsystemen basieren die Gebühren in der Regel auf einem Prozentsatz des zu überweisenden Betrags. Bei Bitcoin hat der zu überweisende Wert keinen Einfluss auf die Gebühren. Stattdessen sind die Gebühren proportional zu der knappen Ressource, die sie verbrauchen: Speicherplatz in Blöcken. Die Gebühren werden in Satoshis pro Byte (8 Bits) verbrauchten Speicherplatzes gemessen. So könnte eine Transaktion, die eine Million Bitcoins von einer Person an eine andere sendet, tatsächlich billiger sein als eine Transaktion, bei der 1 Bitcoin auf 10 Empfänger aufgeteilt wird, weil letztere mehr Blockspeicherplatz zur Darstellung benötigt.

In der Vergangenheit gab es Zeiträume, in denen Bitcoin sehr gefragt war, wie zum Beispiel der massive Bullrun Ende 2017. Zu dieser Zeit waren die Gebühren extrem hoch. Seitdem wurden einige neue Funktionen implementiert, um den Gebührendruck auf das Netzwerk zu verringern.

Eine davon heißt Segregated Witness, welche die Darstellung von Blockdaten neu organisiert hat. Transaktionen, die sich dieses Upgrade zunutze machen, können durch einige raffinierte Tricks mehr als die ursprünglichen 1MB an Blockspeicherplatz in Anspruch nehmen, die Details hierzu würden jedoch den Rahmen dieses Buches sprengen.

Die andere Entlastung der Gebühren ist durch die Bündelung (Batching) von Transaktionen erfolgt: Börsen und andere Akteure mit hohem Volumen im Ökosystem haben damit begonnen, Bitcoin-Transaktionen für mehrere Nutzer in einer Transaktion zu kombinieren. Im Gegensatz zu einer traditionellen Zahlung in Ihrer Bank oder bei PayPal, die von einer Person an eine andere erfolgt, kann eine Bitcoin-Transaktion eine große Anzahl von Eingaben kombinieren und eine große Anzahl von Ausgaben erzeugen. So kann eine Börse, die Bitcoin zur Auszahlung an 100 Personen senden muss, dies in einer einzigen Transaktion tun. Dies ist eine viel effizientere Nutzung des Blockspeicherplatzes, da so aus angeblich nur einer Handvoll Bitcoin-Transaktionen pro Sekunde Tausende von Zahlungen pro Sekunde werden.

Segregated Witness und Batching haben bereits sehr gute Arbeit geleistet, um die Nachfrage nach Blockspeicherplatz (Block Space) zu reduzieren. Weitere Verbesserungen, die die Nutzung des Blockspeicherplatzes effizienter machen, sind in Planung. Dennoch wird eine Zeit kommen, in der die Bitcoin-Gebühren wieder in die Höhe gehen, da die Blöcke aufgrund der Nachfrage immer voller werden.

Wir haben die Entdeckung von Bitcoin nun fast vollständig erörtert:

1. Wir ersetzen eine Zentralbank durch ein verteiltes Ledger.
2. Wir haben ein Lotteriesystem eingeführt, zur Auswahl der Personen, die in das Ledger hineinschreiben dürfen.
3. Wir haben erzwungen, dass die Lotterieteilnehmer Energie verbrauchen, um Lose durch Hashing zu erwerben, und haben es für jeden leicht gemacht, Gewinnlose zu verifizieren, indem wir die von den Spielern erzeugten Hash-Zahlen mit einer unabhängig berechneten Zielnummer verglichen haben.
4. Wir sagten den Lotteriespielern, dass wir, wenn sie sich nicht an die Regeln halten, ihre Blöcke einschließlich ihrer *Coinbase-Transaktionen* ablehnen würden, so dass sie nicht bezahlt würden, auch wenn sie gewinnen, was einen wirtschaftlichen Negativanreiz für Betrug und einen wirtschaftlichen Anreiz zur Einhaltung der Regeln schafft.
5. Wir kontrollieren den Zeitpunkt und die Auswahl der Zielvorgabe für die Lotterie, indem wir jeden selbst errechnen lassen, was die Zielvorgabe auf der Grundlage der fest programmierten Regeln und der Historie der vergangenen 2.016 Blöcke sein sollte.
6. Wir haben den Zeitplan für die Emission mit Hilfe der Schwierigkeitsanpassung umgesetzt, die sich an die steigende oder sinkende Hashrate anpasst.
7. Es wurde offener Quellcode verwendet, um sicherzustellen, dass jeder selbst überprüfen kann, dass er die gleichen Regeln bezüglich der Gültigkeit von Transaktionen, der Blockprämie und der Berechnung der Schwierigkeitsanpassung durchsetzt.

Es gibt keine zentrale Partei mehr. Wir haben ein vollständig verteiltes und dezentralisiertes System. Vor uns erscheint nun das fast vollständige Bild. Es bleibt nur noch ein weiteres Problem. Wenn jemand dem Netzwerk beitritt und nach Kopien des Ledgers fragt, kann es sein, dass er von verschiedenen Netzwerkknoten unterschiedliche Ledger-Historien erhält. Wie können wir eine einzige, lineare Historie durchsetzen, und wie können wir verhindern, dass die Miner die Vergangenheit umschreiben?

1. Der Anpassungszeitraum von 2.016 Blöcken wurde auf der Grundlage des gewünschten zehnminütigen Blockintervalls gewählt. 10-Minuten-Blöcke x 2.016 sind zwei Wochen. Das Blockintervall wurde von Satoshi bewusst groß genug gewählt, damit die meisten Teilnehmer in der Lage sind, sich mit dem letzten Block zu synchronisieren. Der zweiwöchige Anpassungszeitraum wurde ebenfalls etwas eigenmächtig gewählt, aber so konzipiert, dass das System nicht zu schnell in der Hashrate geändert werden kann.
2. Näheres über den aktuellen Stand des Mining findet sich unter https://coinshares.co.uk/bitcoinmining-cost-june-2019/

5 | Sicherung des Ledgers

Bisher haben wir darüber gesprochen, wie wir es schaffen, Kopien aufzubewahren und sie in ein verteiltes Kassenbuch zu schreiben, ohne Zwang oder Korruption zuzulassen, indem wir ein Lotteriesystem und eine Validierung durch Konsens anwenden.

Aber was passiert, wenn ein Lotteriegewinner böswillig wird? Kann ein Miner historische Einträge im Ledger ändern? Können unsere böswilligen Akteure Eve, Dave und Farrah zusammenarbeiten, um die Transaktionshistorie umzuschreiben oder den Kontostand zu ändern und sich selbst zusätzliche Coins zu geben?

Willkommen in der Welt der *Blockchain*. Ein Marketingbegriff, der einen Großteil des Technologiesektors durchdrungen hat. Die Blockchain ist nichts anderes als die Idee, dass *Bitcoin-Blöcke* miteinander *verknüpft* werden, um Verbindungen von einem Paket von Transaktionen zum nächsten zu schaffen. Dadurch entsteht eine lineare Historie des "Prägens" von Coins und der Transaktionen von Satoshis *Genesis-Block* im Jahr 2009 bis heute.

Wir haben im vorigen Kapitel ein wenig geschwindelt, um die Dinge einfach zu halten. Wenn man Mining betreibt, indem man in der Proof-of-Work-Lotterie spielt, sind die Transaktionen, die für den nächsten Block anstehen, plus eine zufällige Nonce nicht das einzige, was gehashed wird. Du fügst auch den Hash des Blocks hinzu, der vor deinem Block lag, und verknüpfst so deinen Block mit dem vorherigen Block.

Erinnere dich daran, dass die Ausgabe einer Hash-Funktion unvorhersehbar und von allen in sie eingegebenen Daten abhängig ist. Wir haben nun unsere Block-Hashes so modifiziert, dass sie drei verschiedene Inputs enthalten:

1. Die Transaktionen, die wir an das Ledger übergeben wollen.
2. Eine zufällige Nonce.
3. Der Hash des vorherigen Blocks, den wir als Grundlage für die Historie unseres Ledgers verwenden.

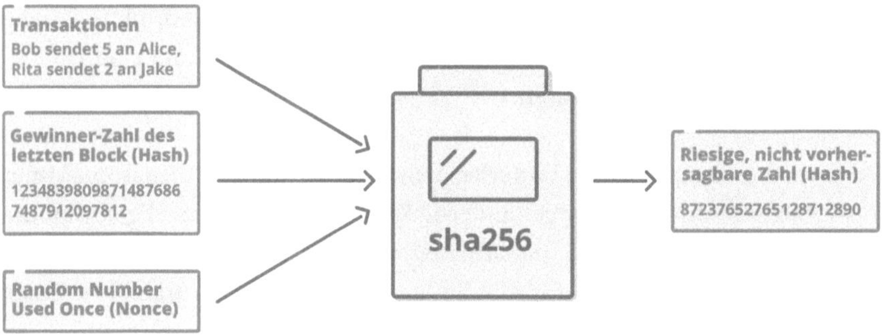

Die drei Inputs, die zur Erstellung einer Hash-Zahl für die Lotterie verwendet wurden, enthalten nun den vorherigen Gewinner-Hash, wodurch eine Verbindung von einem Block zum nächsten hergestellt wird.

Dadurch können wir eine historische Aufzeichnung jedes Blocks bis zum allerersten von Satoshi produzierten Genesis-Block erstellen. Wenn wir einen neuen Block zu der Kette hinzufügen, müssen wir sicherstellen, dass dieser Block keine Transaktionen enthält, die Bitcoins ausgeben, die bereits in früheren Blöcken ausgegeben wurden.

Wenn sich einer der Hash-Inputs ändert, ändert sich der Output-Hash in einer unvorhersehbaren und drastischen Weise. Wenn man Daten in einem historischen Block manipuliert, ändert man dessen Hash-Wert. Da dieser Hash jedoch als Eingabe für nachfolgende Blöcke verwendet wurde, wird man am Ende auch die Hashes dieser Blöcke ändern. Der Hash des letzten Blocks in der Kette, der mit allen vorherigen Hashes verbunden ist, fungiert als Fingerabdruck der gesamten Historie der Kette bis zu diesem Zeitpunkt!

Man kann den Proof of Work nicht überlisten, da jeder weiß, wie viel Energieaufwand für jeden Block betrieben werden müsste, basierend auf der erforderlichen Zielnummer für diesen Block. Wenn jemand versuchen würde, einen älteren Block in der Kette zu ändern, müsste er den Proof-of-Work-Hash des Blocks, den er manipuliert, und jeden einzelnen Block, der danach kommt, neu berechnen. Die Manipulation des Blocks in der Kette wäre also nicht nur offensichtlich, sondern auch *extrem kostspielig*.

Jeder neue geschürfte Block erhöht die Sicherheit der vorherigen Blöcke, da er zu der Strommenge beiträgt, die für die Neuberechnung des Proof of Work für die Blockchain bis zu diesem Zeitpunkt erforderlich ist. Eine Transaktion in einem Block, der unter 6 nachfolgenden Blöcken vergraben ist, wird heute von den meisten Netzwerkteilnehmern als endgültig betrachtet. Bei der heutigen Hashrate würde es eine enorme Menge an Energie erfordern, um die letzten sechs Blöcke erneut zu berechnen. Eine Transaktion, die 100 Blöcke tief begraben liegt? Vergiss es.

Beim Herunterladen einer Kopie der Blockchain ist jede Transaktion in jedem Block vollständig transparent, und du kannst die Proof-of-Work-Hashes selbst überprüfen, um sicherzustellen, dass von der Person, die dir das Ledger geschickt hat, nichts verändert wurde.

Wenn Blöcke kollidieren

Es gibt noch ein fehlendes Stück des Konsenssystems: Wie gelangen alle Teilnehmer zu derselben linearen Transaktionshistorie, wenn Miner gleichzeitig zwei Blöcke produzieren und sie an alle aussenden?

Stell dir vor, wir betreiben jetzt ein weltweites Netzwerk. Menschen auf der ganzen Welt, von den USA bis nach China, sind an dieses globale Netzwerk angeschlossen, und sie alle spielen in der Proof-of-Work-Mining-Lotterie.

Jemand in Chicago findet einen gültigen Block. Sie kündigen ihn im Netzwerk an, und alle Computer in ganz Amerika beginnen, ihn zu erfassen. In der Zwischenzeit findet auch jemand in Shanghai innerhalb weniger Sekunden einen Block. Dessen Nachbarn haben noch immer nichts von dem amerikanischen Block gehört, also hören sie zuerst von dem chinesischen Block.

Diese beiden Blöcke enthalten eine Transaktion von 1 Bitcoin von Alice an Bob. Aber unmittelbar nach Erhalt dieses Bitcoins schickt Bob ihn an Charlie. Aufgrund von Zeitdifferenzen spiegelt der amerikanische Block diese Transaktion wider, und Bob hat einen Endsaldo von Null. Die Chinesen haben jedoch ihren Block produziert, bevor sie sahen, wie Bob die Ausgaben an Charlie überwies. Der chinesische Block zeigt Bobs Saldo bei 1 Bitcoin.

Das Netzwerk ist nun gespalten darüber, welche Blockchain die korrekte Kopie des Ledgers enthält, da beide gültige Transaktionen enthalten, die mit der Historie in allen Blöcken, die vor ihnen lagen, verknüpft sind. Beide enthalten eine gültige Menge an Proof of Work. Dies wird als *Chain-Split* (Kettenspaltung) bezeichnet. Man kann sich nicht auf eine zentrale Partei verlassen, die einem sagt, welche Chain die richtige ist. Was tun?

Bitcoin sieht hier eine einfache Lösung vor: Warten wir einfach ab. Die Miner können frei wählen, welchen Block sie als Basis für den nachfolgenden Block verwenden wollen. Die Amerikaner werden die Verbindung zu dem

Block herstellen, von dem sie zuerst gehört haben, und die Chinesen werden auf Basis ihres eigenen Blocks weiter minen.

In den nächsten rund zehn Minuten wird ein weiterer Block geschürft werden. Im Bitcoin-Code gibt es eine Regel, die besagt, dass derjenige gewinnt, der für alle Blöcke in seiner Kette die meiste Gesamtenergie verbraucht hat. Diese zentrale Regel von Bitcoin, die uns auffordert, die gesamte Arbeit in einer Kette zusammenzufassen und den größten kumulativen Arbeitsnachweis in der Chain zu bevorzugen, wird manchmal zu Ehren von Satoshi als Nakamoto-Konsensus bezeichnet.

Sagen wir, die Chinesen minen den nächsten Block. Ihre Chain ist jetzt einen Block vor der amerikanischen und enthält mehr gesamten Proof of Work. Wenn sie dieses Ergebnis bekannt geben, werden die amerikanischen Knotenpunkte erkennen, dass die chinesischen Knotenpunkte eine umfangreichere kumulative Proof-of-Work-Chain produziert haben, und sich neu organisieren (auch *"Reorg"* genannt). Das heißt, sie werden den einen Block, den sie produziert haben, zugunsten der beiden chinesischen verwerfen.

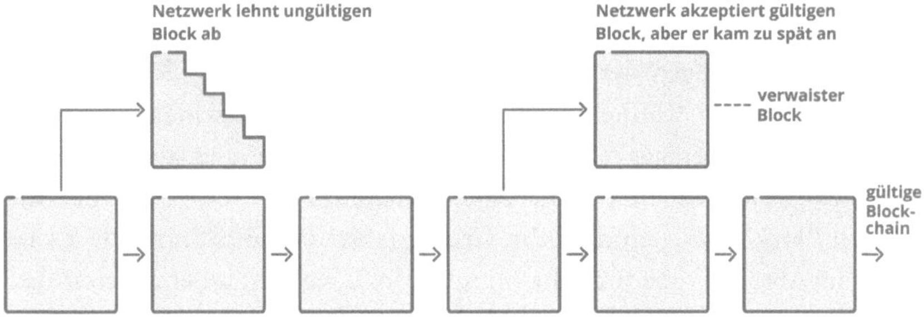

Eine Chain-Split ist ein natürlicher Prozess, der auftritt, wenn Miner gleichzeitig einen Block finden. Die Kette, die durch den gesamten Arbeitsnachweis immer stärker wird, ist gültig, und der andere Block wird verwaist.

Der amerikanische Block wird nun als *Waise* bezeichnet. Da er abgelehnt wurde, hat der Miner, der ihn produzierte, seine Belohnung nicht bekommen, und keine der Transaktionen in diesem Block sind in das Ledger aufgenommen worden. Die zurückgewiesenen Transaktionen gehen jedoch nicht verloren. Einige von ihnen haben es vielleicht in den konkurrierenden chinesischen Block geschafft, und alle, die es nicht geschafft haben, werden schließlich in einen zukünftigen Block geschrieben.

Miner speichern alle Transaktionen, von denen sie hören, an einem speziellen Ort auf ihrem Computer, dem sogenannten *Mempool*. Alle Transaktionen aus einem abgelehnten Block werden in den Mempool zurückgelegt. Sie werden dann von jemandem in der Zukunft geschürft, solange sie nicht mit der neuen, vom letzten Block erzeugten Ledger-Historie in Konflikt geraten.

Du könntest bemerkt haben, dass, obwohl wir die Knotenpunkte als amerikanisch und chinesisch bezeichnet haben, die Knotenpunkte in Wirklichkeit nichts über die Identität oder die geographische Lage des jeweils anderen wissen. Der einzige Beweis für die Gültigkeit, den sie benötigen, ist, dass jemand die längste kumulative Proof-of-Work-Kette hat und dass die Transaktionen in der Kette selbst alle gültig sind (keine Doppelausgaben etc.).

Diese Art von Chain-Splits sind normal und kommen bei Bitcoin von Zeit zu Zeit vor. Sie werden normalerweise innerhalb des nächsten Blocks gelöst. Durch Verbesserungen der Block-Propagation (Verbreitung der Blocks im Netzwerk) und der Konnektivität zwischen den Minern wird dieses Problem mit der Zeit weniger relevant. Heute und wahrscheinlich auch in absehbarer Zukunft hat Bitcoin eine hartkodierte Grenze für die Datenmenge, die in einen Block einfließen darf. Ein Grund dafür, dass Bitcoin relativ kleine Blöcke im Abstand von etwa zehn Minuten produziert, ist unter anderem der, dass verwaiste Blöcke nur selten entstehen.

Das Mining ist probabilistisch. Manchmal liegen die Blöcke zehn Minuten auseinander, andere Male nur Sekunden. Wenn wir Blöcke im Sekundentakt produzieren würden oder sehr große Blöcke hätten, hätten wir eine hohe

Wahrscheinlichkeit, dass amerikanische und chinesische Blöcke miteinander in Konflikt geraten würden, weil sie geographisch weit auseinander liegen und länger brauchen, um einander zu erreichen. Wenn es zu oft zu Waisen kommt, würde die Blockchain zerfallen. Es gäbe Waisen über Waisen und die Knotenpunkte hätten keine Zeit, sich auf den letzten Block zu einigen, bevor der nächste Block erzeugt wird.

Es ist wichtig, Blöcke klein zu halten, um die Chance zu erhöhen, dass das gesamte Netzwerk den neuesten Block erhält, bevor der nächste geschürft wird. Der andere und vielleicht wichtigere Grund ist, die Hardware-Anforderungen für den Betrieb eines Nodes relativ niedrig zu halten, um im Laufe der Zeit mehr Nodes und mehr dezentralisiertes Mining im System zu fördern. Große Blöcke würden Miner dazu ermutigen, sich in Rechenzentren und speziellen geografischen Regionen anzusiedeln, um verwaiste Blöcke zu vermeiden, die sich negativ auf ihre Rentabilität auswirken.

Die einzig wahre Chain

Lasst uns zu unserem Beispiel aus Kapitel 3 zurückkehren, wo Henry zum ersten Mal dem Bitcoin-Netzwerk beitritt.

Henrys Node wird sich mit einigen anderen Nodes im Netzwerk verbinden und sie nach weiteren Nodes fragen, die sie kennen, und sich so mit weiteren verbinden. Dies wird als *Node Discovery* (Knotenerkennung) bezeichnet.

Einige dieser Nodes sind regelrecht böse und füttern ihn mit einer falschen Kopie des Ledgers, mit falschen Signaturen für Transaktionen oder mit gefälschten und falsch geschürften Bitcoins, die keine gültigen Proof-of-Work-Hashes haben. Solche Kopien werden von vornherein abgelehnt, und diese Netzknoten werden sofort von der weiteren Verbindung zu Henrys Node blockiert[1].

Andere Knoten, mit denen er sich verbindet, werden ehrlich sein, aber widersprüchliche Versionen der Wahrheit aufweisen. Zum Beispiel könnten einige von ihnen vom Netz genommen worden sein und einen oder zwei Blocks zurückliegen. Wenn er mehrere Kopien der Blockchain herunterlädt, die alle gleich gültig sind, wird die Software in seinem Node den Nakamoto-Konsensus verwenden. Bei der Messung des gesamten kumulierten Proof of Work wird diejenige Chain, die am größten ist, als die einzig wahre Kette betrachtet.

Die Nodes kommunizieren ständig miteinander, um sicherzustellen, dass sie die neuesten Blöcke haben. Da alle Knoten der Längste-Kette-Regel folgen, besteht Einigkeit darüber, was der wahre Zustand des Ledgers ist. Henry ist nicht auf eine Mehrheitsentscheidung angewiesen, die leicht zu hintergehen wäre, indem man die Mehrheit der Nodes zu Übeltätern macht.

Selbst wenn Henry eine Verbindung zu Dutzenden von veralteten oder bösartigen Knoten und einem korrekten Knoten herstellt, wird seine Bitcoin-Software die eine korrekte Kopie erkennen, weil sie die größte Menge an Proof of Work enthält und aus gültigen Transaktionen bis zurück zum Genesis-Block besteht. Die Bedeutung dieser Tatsache darf nicht unterschätzt werden. Henry muss sich nicht darauf verlassen, dass er jemandem vertraut; sein Knoten wird alle Validierungen durchführen, um sicherzustellen, dass die Blockchain, die er betrachtet, die einzig wahre Chain ist.

Es ist daher für böswillige Hacker äußerst schwierig, einem Knoten eine falsche Kopie der Blockchain unterzuschieben. Dazu müssten sie die Verbindung dieses Knotens zu allen anderen ehrlichen Knoten trennen und ihn nur mit Knoten verbinden, die von den Angreifern kontrolliert werden.

Umkehrbarkeit von Transaktionen

Zwei konkurrierende Chains entstehen in der Regel zufällig und werden schnell gelöst. Jemand, der das Netzwerk angreifen will, kann jedoch den Vorteil des Nakamoto-Konsensus nutzen, indem er mehr als 50% der gesamten

Hashrate kontrolliert. Er kann dann die längste kumulierte Proof-of-Work-Chain mit Transaktionen seiner Wahl produzieren, solange er bereit ist, dafür genügend Energie zu verbrauchen. Wenn dieser Angreifer diese Chain verbreitet, würden andere Knoten sie als die eine wahre Chain akzeptieren. Dies wird als 51%-Attacke bezeichnet, weil es die Kontrolle über mehr als die Hälfte der Hashrate erfordert.

Es ist wichtig zu verstehen, dass es bei Bitcoin keine tatsächliche Transaktionsfinalität gibt, da *51%-Angriffe* oder sogar das zufällige Verwaisen von Blöcken theoretisch immer möglich sind. Aus diesem Grund warten die Empfänger von Transaktionen normalerweise darauf, dass mehrere Blöcke nach dem Aufnehmen einer Transaktion geschürft werden, um sie als in Stein gemeißelt zu betrachten. Zu diesem Zeitpunkt ist die Energiemenge, die zur Umkehrung der Transaktion erforderlich ist, so teuer, dass diese Umkehrung wahrscheinlich nicht mehr passieren wird.

Blöcke, die nach einem Block geschürft werden, der eine für Dich interessante Transaktion enthält, werden oft *Bestätigungen* genannt. Wenn man also hört, dass eine Bitcoin-Transaktion sechs Bestätigungen hat, bedeutet das, dass bereits sechs Blöcke danach geschürft wurden. Wenn du ein digitales Buch verkaufst, das für dich als Händler marginale Kosten hat, möchtest du vielleicht nur eine Bestätigung oder sogar null Bestätigungen, um den Download-Link zu liefern, sobald du die im Netzwerk ausgestrahlte Transaktion siehst. Wenn du ein Haus verkaufst, möchtest du vielleicht zwölf Bestätigungen abwarten, was in etwa zwei Stunden entspricht. Je länger du wartest, desto mehr Proof of Work wird auf den Block, der deine Transaktion enthält, gestapelt, und desto teurer wird es in der realen Welt, die Transaktion rückgängig zu machen. Heute akzeptieren die meisten Leute 6 Bestätigungen als Zahlungsnachweis.

Wenn die Hashrate von Bitcoin deutlich sinken würde, d.h. weniger Energie für jeden Block zur Verfügung stünde, könnte man immer die Anzahl der Bestätigungen erhöhen, die für eine endgültige Einigung erforderlich wären. Auch wenn die Nicht-Finalität von Transaktionen zunächst beunruhigend erscheinen mag, ist es wichtig, sich vor Augen zu halten, dass

Kreditkartentransaktionen in der Regel bis zu 120 Tage nach ihrer Durchführung noch rückgängig gemacht werden können.

Auf der anderen Seite sind Bitcoin-Transaktionen nach nur wenigen Blöcken fast unumkehrbar. Von diesem Standpunkt aus gesehen ist die Umkehrbarkeit und Endgültigkeit von Bitcoin-Transaktionen tatsächlich eine erhebliche Verbesserung gegenüber den meisten traditionellen Zahlungsnetzwerken, zumindest aus der Sicht des Händlers.

Heutige Schätzungen zeigen, dass man, wenn man die Energie des gesamten Bitcoin-Netzwerks zur Verfügung hätte, – eine wahrhaft ehrgeizige Annahme, da man eine Energieverbrauchsmenge in der Größenordnung eines ganzen Landes bräuchte und jegliche spezielle Bitcoin-Hardware da draußen nutzen müsste – immer noch mehr als ein Jahr brauchen würde, um die gesamte Historie der Chain neu zu schreiben. Du kannst diese Daten unter http://bitcoin.sipa.be erforschen.

---

1. Dieses ausgezeichnete Essay vertieft, wie Bitcoin mit ungültigen Blöcken umgeht: https://hackernoon.com/bitcoin-miners-beware-invalid-blocks-need-not-apply-51c293ee278b

6 | Forks und 51%-Attacken

Zu Beginn schürfte Satoshi die ersten Bitcoins mit Hilfe der CPU (Central Processing Unit) seines Computers. Da der anfängliche Schwierigkeitsgrad des Systems niedrig angesetzt war, war es mit Hilfe seines Computers relativ kostengünstig, diese Coins zu erzeugen.

Mit der Zeit begann man, die Mining-Software zu optimieren, um sie immer effizienter zu machen. Schließlich wurde Software geschrieben, die sich spezialisierte Grafikprozessoren (GPUs) zunutze machte, die normalerweise für Computerspiele verwendet werden.

Mit GPUs wurde das Mining um eine weitere Größenordnung effizienter als das CPU-Mining. Die Schwierigkeit passte sich schnell nach oben an die neue Hashrate an, die das System mit Hilfe der GPUs überflutete. Zu diesem Zeitpunkt wurde das Mining mit CPUs unrentabel, wodurch diese Miner abgeschaltet wurden.

Nach dem Aufkommen des GPU-Minings wurde die Effizienz des Minings durch die Produktion von anwendungsspezifischen integrierten Schaltungen

(Application Specific Integrated Circuits, oder *ASICs*) noch weiter verbessert. Dies sind Hardware-Computerchips, die nur eines tun: die Bitcoin sha256-Funktion berechnen, und nichts Anderes. Da ASICs auf diesen speziellen Algorithmus spezialisiert sind, waren sie eine Größenordnung effizienter für das Mining als GPUs, und die Schwierigkeit passte sich erneut nach oben an, so dass sie GPUs schnell unrentabel machten, genau wie es GPUs bei CPUs getan hatten. Alle paar Jahre machte eine neue Generation von ASIC-Geräten frühere Versionen mit großen Effizienzsteigerungen unrentabel.

Die ersten Miner im Netzwerk gaben nur ein paar Cent für Strom aus, um ihre Bitcoins zu produzieren. Als der Bitcoin-Preis stieg und sich immer mehr Miner anschlossen, nahm die Difficulty zu, und es wurde immer teurer, Bitcoins zu erzeugen. Heute bewegt sich der Preis in der Nähe von 8.000 € pro Coin, und die Menschen verbrauchen Tausende von Euro an Strom pro produziertem Bitcoin.

Mining-Pools

Ein Problem beim Bitcoin-Mining ist, dass es nicht deterministisch ist, ähnlich wie zum Beispiel das Würfeln. Das bedeutet, dass man letztendlich viel Geld für Strom ausgeben könnte, ohne jemals einen gültigen Block zu finden.

Im Jahr 2010 wurde eine Innovation namens *Mining-Pool* eingeführt, um das Problem der Miner zu lösen, die Strom verbrauchen, ohne dafür eine Belohnung zu erhalten. Ein Mining-Pool ist ein Gemeinschaftspool für das geteilte Risiko, der ähnlich wie eine Versicherung funktioniert.

Alle Miner tragen zum Mining des Pools bei, so dass der Eindruck eines großen Mining-Unternehmens entsteht. Wenn jemand im Pool einen gültigen Block findet, wird die Belohnung für den Block proportional unter allen Minern auf der Grundlage der Hashrate, die sie beigetragen haben, aufgeteilt. Auf diese Weise können auch kleine Mining-Unternehmen wie beispielsweise Einzelpersonen eine Vergütung für die geringe Menge an Hash-Rate erhalten, die sie beisteuern. Für die Bereitstellung dieser Koordinationsleistung nimmt der Pool einen Teil der Belohnungen in Anspruch.

Mining-Pools verursachten einen gewissen Effekt der Zentralisierung – die Benutzer strömten zu größeren Pools. Es ist jedoch wichtig, daran zu denken, dass es die Benutzer sind, die für die Pools das Mining betreiben und dass Pools nicht die gesamte Hashrate besitzen, die sie repräsentieren. Die Benutzer können und wollen im Laufe der Zeit die Mining-Pools wechseln.

Tatsächlich gibt es einen historischen Präzedenzfall dafür, dass einzelne Miner einen zu mächtig gewordenen Pool verlassen haben. Im Jahr 2014 repräsentierte Ghash.io fast die Hälfte der gesamten Mining-Power. Die Miner beobachteten, wie dieser Pool zu mächtig und zentralisiert wurde, und verließen den Pool freiwillig in Richtung anderer Pools.

Während relativ zentralisierte Mining-Pools heute die Realität sind, gibt es ständige Verbesserungen der Mining-Technologie, einschließlich eines Vorschlags mit dem Namen BetterHash, der es den einzelnen Minern ermöglicht, besser die Kontrolle über ihre Hashpower zu behalten und die Abhängigkeit von der Koordination der Pools zu verringern.

51%-Attacken

Die Zentralisierung der Mining-Pools führt zu der Sorge, dass einige der Top-Pools zusammen eine 51%-Attacke auf das Netzwerk initiieren könnten. Heute haben die 5 wichtigsten identifizierbaren Pools zusammen mehr als 50% der gesamten Hash-Rate im Mining. Lasst uns daher untersuchen, wie ein solcher Angriff durchgeführt werden müsste und welche Gefahren er birgt.

Wenn man etwas mehr als 50% der Hashrate besitzt, kann man die Einträge in das Ledger dominieren, weil man mit der Zeit eine größere Chain erzeugen kann als die anderen. Erinnere dich, dass der Nakamoto-Konsens besagt, dass die Nodes die größte kumulative Proof-of-Work-Chain akzeptieren müssen, von der sie Kenntnis haben.

Hier ist ein Beispiel dafür, wie ein sehr einfacher 51%-Angriff durchgeführt werden kann:

1. Nehmen wir an, das Netzwerk als Ganzes fördert Bitcoin mit 1.000 Hashes/Sekunde.
2. Man kauft einen Haufen Mining-Hardware und Strom, um 2.000 Hashes/Sekunde zu produzieren. Nun hat man 66% der gesamten Hashrate (2.000 von 3.000 Hashes pro Sekunde).
3. Man beginnt mit dem Mining einer Chain, die nur leere Blöcke enthält.
4. Zwei Wochen später sendet man die Chain mit leeren Blöcken hinaus. Da das Mining etwa doppelt so schnell erfolgt wie bei den ehrlichen Minern, wird die Chain durch den kumulativen Proof of Work doppelt so lang sein. Die Übertragung an alle bestehenden Knotenpunkte wird dazu führen, dass sie sich neu organisieren und die letzten zwei Wochen der Historie verlieren.

Neben dem Mining leerer Blöcke, der die Chain unbrauchbar macht, kann man auch einen Double Spend-Angriff durchführen:

1. Etwas Bitcoin an eine Tauschbörse senden.
2. Umtausch in Euro und Abheben dieses Betrags in Euro.
3. Zu einem späteren Zeitpunkt sendet man eine Chain aus, die man heimlich geschürft hat und die das Senden an die Tauschbörse nicht enthält.
4. Die Geschichte wurde neu geschrieben und man hat jetzt sowohl die ursprünglichen Bitcoins als auch die Euro.

Der Energieverbrauch der Hashrate von Bitcoin entspricht heute in etwa dem eines Landes mittlerer Größe. Die Anschaffung von genügend Hardware und Strom, um einen solchen Angriff durchzuführen, ist extrem kostspielig.

Schätzungen zeigen, dass es heute etwa 650.000 Euro pro Stunde kosten würde, eine 51%-Attacke durchzuführen, und diese Kosten steigen weiter. Diese Schätzung berücksichtigt auch nicht die Reaktion der ehrlichen Miner auf einen solchen Angriff, was ihn wahrscheinlich noch teurer machen würde. Du kannst die Kosten für einen Angriff auf Bitcoin und andere Krypto-Währungen unter https://www.crypto51.app erforschen.

Es ist zudem sehr schwer, mit einem Double-Spend-Angriff dieses Ausmaßes davonzukommen, ohne Spuren zu hinterlassen, mit denen man herausfinden könnte, wer der Angreifer ist. Schließlich würde man dabei die Energie eines mittelgroßen Landes verbrauchen und Millionen Euro an Hardware aufkaufen sowie mehrere Millionen Euro an Tauschbörsen schicken, nur um den Angriff auszuführen.

Aber nehmen wir an, eine böswillige Instanz mit unbegrenzter Finanzierung, wie z.B. eine Regierung, hat sich dazu entschlossen und ist in der Lage, diesen Angriff über das Maß einer kleinen Störung hinaus länger aufrechtzuerhalten. Das restliche Netzwerk könnte sich dann theoretisch durch den Wechsel zu einer anderen Proof-of-Work-Funktion (nicht sha256) umstellen. Dies würde die gesamte Bitcoin-Mining-Hardware, die der Angreifer verwendet, unbrauchbar machen, da sie nur für das sha256-Hashing geeignet ist. Die Änderung der Proof-of-Work-Funktion ist jedoch eine radikale Option, die auch alle ehrlichen Miner sofort aus dem Geschäft werfen würde. Trotzdem würde das Netzwerk überleben und sich aus der Asche erheben.

Abgesehen von der Undurchführbarkeit des Angriffs hat man selbst mit der Mehrheit der Hashrate noch keinen Anspruch auf die beiden wichtigsten Dinge:

1. Man kann keine Coins aus dem Nichts erschaffen, die gegen den Emissionszeitplan verstoßen. Das verstößt gegen die Blockprämien-Konsensregel und die Blöcke würden abgelehnt, selbst wenn genug Proof of Work vorhanden wäre.

2. Man kann keine Coins ausgeben, die einem nicht gehören. Außerdem würde es nicht gelingen, eine gültige digitale Signatur zu liefern, was gegen die Regeln verstößt.

Die Nodes, die Bitcoin als Zahlungsmittel akzeptieren, würden das Netzwerk selbst angesichts einer unehrlichen Mehrheit von Minern ehrlich halten, indem sie einfach die Regeln von Bitcoin durchsetzen. Daher ist eine 51%-Attacke eher ein Ärgernis als ein Sicherheitsrisiko. Höchstwahrscheinlich ist hier der schlimmste anzunehmende Fall ein staatlicher Akteur mit tiefen Taschen, der versucht, Bitcoin unbrauchbar zu machen. Ein solcher Angriff kann jedoch nicht ewig aufrechterhalten werden. Wenn sich Bitcoin von einem solchen Angriff erholt, würde es nur seine Widerstandsfähigkeit weiter unter Beweis stellen und zu einem noch größeren Problem für diejenigen werden, die es angreifen wollen.

Obwohl Bitcoin bis heute noch nie auf diese Weise erfolgreich angegriffen wurde, wurde eine solche Attacke auf andere Blockchains durchgeführt, die nur eine sehr geringe Hashrate haben. In diesen Fällen wurden Tauschbörsen Opfer von Double-Spend-Angriffen und verloren Geld bei Coins mit niedriger Hashrate, die sie wahrscheinlich gar nicht erst hätten anbieten sollen.

7 | Konten ohne Identität

Wir haben ein verteiltes Ledger ohne zentrale Autorität aufgebaut, ein Mining-Lotteriesystem zur Auswahl derer, die Transaktionen hineinschreiben dürfen, ein System zur Belohnung gutwilliger Miner und zur Bestrafung von Fehlverhalten, eine Möglichkeit zur Anpassung der Mining-Difficulty, um einen konsistenten Ausgabeplan zu gewährleisten und Konflikte zu reduzieren, und ein System zur Überprüfung der Gültigkeit der Chain durch einen Blick auf den kumulativen Proof of Work und die Transaktionshistorie.

Nun zur Identität. In einem traditionellen Banksystem sendet man Geld, indem man sich bei der Bank identifiziert. Man legt am Geldautomaten eine ID und einen Pin-Code vor oder gibt einen Benutzernamen und ein Passwort in eine App ein. Die Bank stellt sicher, dass keine zwei Personen dieselbe Identität haben.

Aber wie können wir nun, da wir keine zentrale Partei haben, die die Identitäten im Auge behält, in unserem neuen, auf Bitcoin basierenden Finanzsystem Konten eröffnen? Wie können wir Satoshis Ziel erreichen, die Identität aus Finanztransaktionen zu entfernen, um Identitätsdiebstahl zu vermeiden und zentralen Parteien nicht unsere Informationen anvertrauen zu müssen? Wie können wir sicherstellen, dass, wenn Alice ankündigt, Bob bezahlen zu wollen, sie es wirklich ist und die Befugnis hat, dieses Geld zu bewegen?

Ein "Bitcoin-Konto" eröffnen

Wir können uns nicht auf einen zentralen Mittelsmann wie eine Bank verlassen, die über alle Konten Buch führt. Was wäre, wenn wir jedem Teilnehmer erlauben würden, seinen eigenen Benutzernamen und sein eigenes Passwort zu registrieren? Eine Bank würde normalerweise überprüfen, dass ein Benutzername nicht bereits verwendet wird, aber das ist hier nicht möglich, da wir keinen zentralen Akteur haben, der Identitäten vergibt. Wir brauchen also etwas Eindeutigeres, Stärkeres und Einzigartigeres als einen Benutzernamen und ein Passwort. Die gesuchte Methode sollte aus früheren Kapiteln bereits bekannt sein. Wir brauchen wieder einmal eine riesige Zufallszahl.

Genauso wie wir es für jeden möglich gemacht haben, "Lotterielose" zu kaufen, indem wir große Zufallszahlen generieren, können wir denselben Trick auch für die Generierung von Konten anwenden. Um ein "Bitcoin-Konto", auch als *Adresse* bekannt, zu erstellen, werden wir zunächst ein Zahlenpaar aus 256 Bit-Zahlen generieren, die mathematisch miteinander verbunden sind, ein so genanntes *öffentlich/privates Schlüsselpaar (Public- & Private-Key)*. Man bedenke, dass eine 256-Bit-Zahl ungefähr so groß ist wie die Anzahl der Atome im Universum, so dass es nahezu unmöglich ist, dass zwei Personen versehentlich dasselbe Schlüsselpaar erzeugen. Wir geben unsere Adresse an jeden weiter, der uns Coins senden möchte. Um die Coins auszugeben, werden wir den privaten Schlüssel verwenden. Das funktioniert folgendermaßen.

Die Verschlüsselung ist eine Methode, bei der einige Daten genommen und verschlüsselt werden, so dass nur jemand, der den Schlüssel (Key) besitzt, die ursprüngliche Nachricht durch Entschlüsselung lesen kann. Als Kinder spielten einige von uns mit einfachem Kodier-/Dekodierspielzeug, das einen Schlüssel verwendete, um eine Nachricht in Kauderwelsch und dann wieder zurück zu verwandeln. Diese Art der Verschlüsselung wird als symmetrisch bezeichnet, weil dabei nur ein Schlüssel verwendet wird. Das System mit dem öffentlichen/privaten Schlüsselpaar ist jedoch *asymmetrisch*, weil man mit dem einen Schlüssel verschlüsseln und mit dem anderen entschlüsseln kann.

Du bist herzlich eingeladen, deinen öffentlichen Schlüssel (Public-Key) mit der ganzen Welt zu teilen. Personen, die dir Nachrichten senden wollen, können diese mit deinem öffentlichen Schlüssel verschlüsseln. Da nur du deinen privaten Schlüssel (Private-Key) besitzt, bist du der einzige, der diese Nachrichten wieder entschlüsseln kann.

Schauen wir uns also an, wie Alice Coins an Bob schickt. Um eine Zahlung zu erhalten, generiert Bob ein Schlüsselpaar und hält seinen Private-Key geheim. Er erzeugt eine *Adresse*, eine große Zahl, die auf einem Hash seines Public-Keys basiert. Bob teilt dann diese Adressnummer mit Alice.

Du kannst dir die Adresse als Briefkasten vorstellen. Anstelle von Briefen kann Alice Bitcoins in diesen Briefkasten werfen. Aber nur Bob hat den privaten Schlüssel, der den Briefkasten öffnet, um in den Besitz der Coins zu gelangen.

Wenn man Geld in einer Bank bewegt, gibt man ihr seinen Benutzernamen und sein Passwort. Wenn man Schecks ausstellt, unterschreibt man mit seinem Namen, um zu bestätigen, dass man den Scheck ausstellt. Und wenn du Bitcoins bewegst, beweist du, dass du den Schlüssel zu der Adresse besitzt, hinter der sich die Coins befinden.

Alice muss beweisen, dass sie den Private-Key zu ihrem Public-Key-Briefkasten hat, aber sie wird ihren privaten Schlüssel auf keinen Fall Hackern preisgeben, da diese ihn sonst stehlen und aus ihrem Briefkasten heraus Ausgaben tätigen könnten.

Alices Nachweis des Key-Eigentums wird als *digitale Signatur* bezeichnet. Alice erstellt eine Transaktion, bei der es sich im Wesentlichen um ein Datenpaket handelt, das in etwa so aussieht:

> *Adresse 12345, die 2,5 Bitcoins enthält, sendet 2 Bitcoins an Adresse 56789, und 0,5 Bitcoins verbleiben in Adresse 12345.*

In Wirklichkeit sind die Adressnummern riesige 160-Bit-Zahlen. Alice verschlüsselt diese Transaktion mit ihrem privaten Schlüssel und erstellt eine *digitale Signatur.*

Wenn sie ihre Transaktion an andere Knoten im Netzwerk veröffentlicht, gibt sie den Public-Key des Briefkastens bekannt, von dem aus sie sendet, sowie die mit dem Private-Key verschlüsselte Signatur. Alice kündigt Folgendes an:

- Ich sende Coins von der Adresse 12345
- Hier ist der Public-Key für die Adresse 12345, und man kann sehen, dass es sich tatsächlich um den Public-Key handelt, indem man den Public-Key hasht und sieht, dass man diese Adresse erhält.
- Hier ist eine Signatur, die ich mit dem dieser Adresse entsprechenden Private-Key verschlüsselt habe. Mit dem Public-Key könnt ihr sie entschlüsseln und überprüfen, ob sie mit den von mir gesendeten Transaktionsdaten identisch ist.

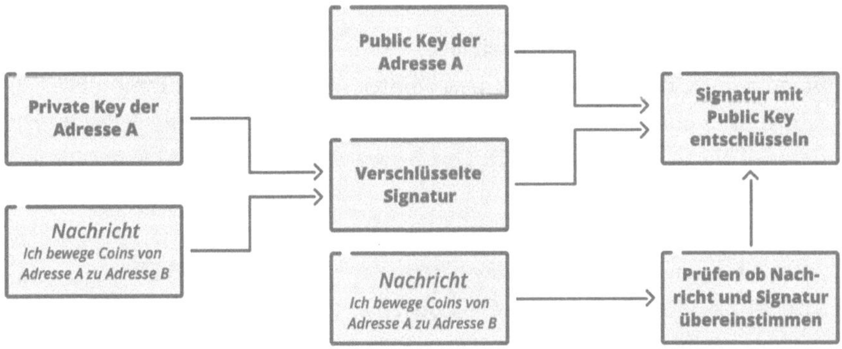

Die Transaktion, die Coins bewegen soll, wird mit dem Private-Key verschlüsselt, um eine digitale Signatur zu erstellen. Sie wird mit dem Public-Key entschlüsselt, den jeder kennen kann.

Da jeder nun Alices Public-Key für ihre Briefkasten-Adresse kennt, kann die digitale Signatur leicht entschlüsselt werden. Dadurch, dass die Signatur mit dem Public-Key für die Adresse korrekt entschlüsselt werden kann, weiß jeder, dass Alice den Private-Key zu dieser Adresse verwendet haben muss, um die Signatur zu erstellen. Andernfalls wäre ihre Entschlüsselung fehlgeschlagen, da der Public-Key nur mit dem Private-Key verschlüsselte Nachrichten entschlüsseln kann. Wichtig ist jedoch, dass keiner ihren Private-Key tatsächlich gesehen hat, sondern nur den Beweis, dass sie ihn zum Verschlüsseln ihrer Signatur verwendet hat.

Im Gegensatz zu einer Signatur auf einem Scheck oder deinem Bankpasswort ist deine digitale Signatur spezifisch für die eindeutigen Transaktionsdaten, die du unterschreibst. Daher kann sie nicht gestohlen und bei einer anderen Transaktion wiederverwendet werden. Jede Transaktion erhält eine andere Signatur, selbst wenn sie von derselben öffentlichen Adresse mit demselben Private-Key gesendet wird, da jede neue Datenänderung den Signatur-Hash ändert.

Kann man einen Private-Key erraten?

Lasst uns die Wahrscheinlichkeit betrachten, einen Private-Key zu erraten, mit dem man die Coins einer bestimmten öffentlichen Adresse bewegen könnte. Man muss bedenken, dass ein Key aus 256 Bits besteht. Jedes Bit hat nur zwei Werte (eins oder null). Das bedeutet, dass man sich jedes Bit wie einen Münzwurf vorstellen kann.

Wenn wir einen 1-Bit Private-Key hätten, wäre das wie das Werfen einer einzigen Münze. Kopf oder Zahl, Eins oder Null? Die Chance richtig zu raten liegt bei eins zu zwei.

Kurze Überprüfung der grundlegenden Statistiken: Die Wahrscheinlichkeit des Auftretens mehrerer Ereignisse wird durch Multiplikation der individuellen Wahrscheinlichkeit jedes Ereignisses berechnet. Wenn ein Münzwurf eine Chance von ½ hat "Kopf" zu zeigen, dann ist die Wahrscheinlichkeit von zwei aufeinanderfolgenden Münzwürfen mit "Kopf" ½ x ½ = ¼ oder eins zu vier.

Wenn man das Ergebnis von 8 Münzwürfen in Folge erraten würde, wäre das 2^8 oder eine Chance von 1 zu 256.

Nehmen wir noch ein Beispiel mit einem Nummernschild mit sechs Buchstaben und Zahlen. Es gibt 26 Buchstaben und 10 Ziffern, also insgesamt 36 Zeichen. Da es sechs Stellen gibt, ist die Anzahl der möglichen Nummernschilder = 36^6, so dass die Chancen, mein Kennzeichen zu erraten, eins zu zwei Milliarden betragen.[1]

Eine Kreditkarte hat sechzehn Stellen. Jede Ziffer kann 10 Werte haben, und es gibt 16 davon, so dass die Chancen, meine Kreditkarte zu erraten, eins zu 10^{16} stehen, was in etwa eins zu 10.000.000.000.000.000, oder in anderen Worten circa eins zu zehn Billiarden entspricht.

Es gibt etwa 10^{50} Atome auf der Erde. Wenn ich zufällig an eines davon denke, liegen deine Chancen, es zu erraten, bei etwa

Eins zu 1.000.000.000.000.000.000.000.000.000.000.000.000.00
0.000.000.000.000.000.000

Ein Private-Key hat 256 Bits, das sind 2^{256} oder etwa 10^{77}. Das Erraten des gesamten Schlüssels wäre ähnlich wie das Erraten eines spezifischen Atoms aus dem gesamten Universum oder 9 Lottogewinne hintereinander:

Eine Chance von eins zu 115.792.089.237.316.195.423.570.985.
008.687.907.853.269.984.665.640.564.039.457.584.007.913.12
9.639.936

Aber was wäre, wenn du einen superstarken Computer hättest, um die Berechnungen durchzuführen und etliche Male zu raten? Ich kann diesem Thema am besten dadurch gerecht werden, indem ich dir den Beitrag von Reddit auf https://bit.ly/2Dbw9Qd empfehle, dessen vollständige Lektüre sich definitiv lohnt. Während es technisch wird, vermittelt der finale Absatz eine gute Vorstellung davon, was es kosten würde, alle möglichen 256-Bit-Keys aufzulisten:

"Wenn man also den gesamten Planeten als Festplatte verwenden könnte, wobei 1 Byte pro Atom gespeichert wird, die Sterne als Brennstoff verwendet werden und 1 Billion Keys pro Sekunde durchlaufen werden, bräuchte man 37 Oktillionen Erden, um diese Infos zu speichern, und 237 Milliarden Sonnen, um das Gerät anzutreiben, das dazu in der Lage ist, und das alles würde 3,6717 Oktodezillionen Jahre dauern."

- u/PSBlake auf r/Bitcoin

Im Grunde ist es also praktisch unmöglich, den Private-Key von jemandem zu erraten. Nicht nur das, sondern die Anzahl der möglichen Bitcoin-Adressen ist so groß, dass die Best Practices von Bitcoin tatsächlich vorsehen, dass für jede Transaktion, die man durchführt, eine neue Adresse mit einem neuen privaten Schlüssel generiert wird. Statt eines Bankkontos haben wir also vielleicht tausende oder sogar Millionen von Bitcoin-Konten, eines für jede Transaktion, die wir jemals erhalten haben.

Es mag beunruhigend klingen, dass dein Bitcoin-Konto nur durch eine reine Wahrscheinlichkeit abgesichert ist, aber hoffentlich gibt dir die vorstehende Erklärung eine Vorstellung davon, dass dies wesentlich sicherer ist als das Passwort zu deinem Bankkonto, das auf einem zentralen Server gespeichert ist und gegebenenfalls von Hackern entwendet werden kann.

Nachverfolgen von Salden

Es ist an der Zeit, eine letzte Notlüge zu korrigieren, die wir in früheren Kapiteln angesprochen hatten. Es gibt eigentlich keine Salden im Ledger. Stattdessen verwendet Bitcoin ein Modell namens UTXO: Unspent Transaction Outputs (Nicht ausgegebene Transaktions-Outputs). Ein Transaktionsoutput ist lediglich eine Bezeichnung für Coins, die man in einer früheren Transaktion erhalten hat, unabhängig davon, ob sie von jemandem stammen, der sie an einen gesendet hat, oder ob sie in einer *Coinbase-Transaktion* erzeugt wurden.

Im Gegensatz zu Metallmünzen, die in bestimmten Stückelungen wie zehn Cent, fünfzig Cent usw. erhältlich sind, sind Bitcoins in 100.000.000 Einheiten teilbar, die als Satoshis bezeichnet werden. Je nachdem, welche Beträge man an seine Adressen erhalten hat, muss man daher Coins von mehreren Adressen kombinieren oder eine größere UTXO aufteilen, um sie in kleinere zu verwandeln und an andere Personen zu senden. Man kann sich das so vorstellen, als ob man einen Haufen Münzen in eine Maschine gibt, die sie einschmilzt und neue Münzen jedes beliebigen Nennwerts prägt. Wallets (digitale Brieftaschen), die später in diesem Kapitel besprochen werden, verwalten im Allgemeinen diese ganzen Vorgänge für einen selbst, hinter den Kulissen, so dass man einfach den gewünschten Betrag angeben kann, den man versenden will.

Nehmen wir an, Alice hat eine Adresse, die 1 Bitcoin enthält. Sie möchte 0,3 Bitcoin an Bob senden. Sie generiert eine Transaktion, die ihre Adresse mit einer 1 Bitcoin UTXO als Input und zwei Outputs zeigt: eine neue Bitcoin UTXO im Wert von 0,3 an Bobs Adresse und eine neue Bitcoin UTXO im Wert von 0,7 zurück an ihre eigene Adresse als Wechselgeld. Dieses Wechselgeld kann an ihre ursprüngliche Absenderadresse gehen, oder sie kann es zum besseren Schutz der Privatsphäre an eine neue Adresse senden, die sie spontan generiert.

Es gibt keine Möglichkeit, in der Blockchain zu erkennen, wer welche Adresse kontrolliert. Dazu müsste man die entsprechenden privaten Schlüssel kennen und sie mit Identitäten aus der realen Welt verknüpfen. Das UTXO-Modell

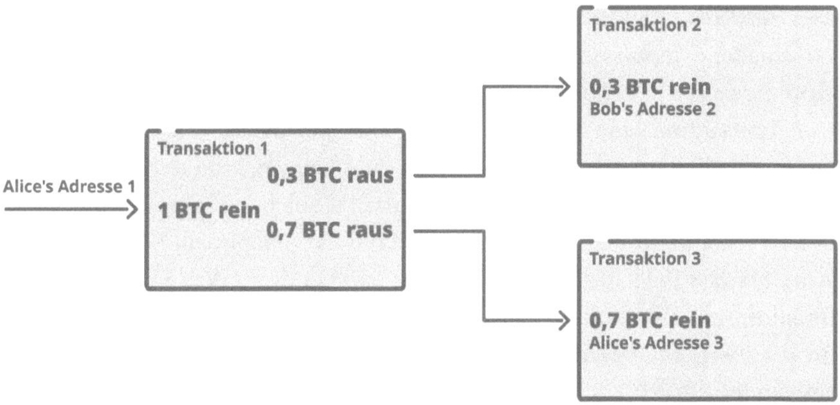

Wenn man kein UTXO in der genauen Menge hat, die man versenden möchte, wird ein UTXO geteilt, um Wechselgeld zu erzeugen. Man kann auch mehrere UTXOs kombinieren, um ein neues, größeres zu erstellen.

begünstigt einen sehr nützlichen Datenschutzmechanismus, indem man bei jedem Transfer von Coins Wechselgeld an eine neue Adresse sendet. So kann eine Person Hunderte oder Tausende von Adressen besitzen, wenn sie schon viele Coins versandt oder erhalten hat. Die Wallet-Software verwaltet all dies für uns, sodass wir uns nicht um die Details kümmern müssen.

Um den "Saldo" einer bestimmten Adresse zu überprüfen, müssen wir also tatsächlich alle UTXOs addieren, die diese Adresse als Ausgabe haben. Die Gesamtmenge der aktuellen UTXOs in Bitcoin wächst, wenn Menschen von einer Adresse an viele senden, und schrumpft, wenn Menschen *Konsolidierungstransaktionen* durchführen, bei denen Coins von vielen Adressen an eine Adresse gesendet werden.

Das UTXO-Modell ermöglicht eine einfache und effiziente Validierung von Doppelausgaben, da eine bestimmte UTXO nur einmal ausgegeben werden kann. Wir müssen nicht die gesamte Historie der Ausgaben von einem bestimmten Konto kennen.

Wir können auch eine beliebige Anzahl von UTXOs auf einmal erstellen und zerstören, indem wir komplexe Transaktionen erstellen, bei denen verschiedene Inputs und Outputs gemischt werden. Dies ermöglicht die Grundidee von CoinJoin[2], bei dem mehrere Parteien an einer einzigen Bitcoin-Transaktion teilnehmen, die eine beliebige Anzahl von Inputs mischt, um eine beliebige Anzahl von Outputs zu erzeugen, wodurch die Historie der UTXOs verschleiert wird. Die Popularität solcher Techniken nimmt zu und ist wichtig für den Datenschutz und die *Fungibilität,* ein Begriff, der beschreibt, dass jeder Bitcoin gleichwertig ist. Auf diese Weise werden einige Bitcoins, wenn sie in die Hände von zwielichtigen Parteien gelangen, nicht für die Ewigkeit "beschmutzt", nur weil sie einmal für etwas Schändliches verwendet wurden.

Wallets

Das Generieren eines Kontos ist nichts anderes als das Generieren eines zufälligen 256-Bit-Schlüsselpaares. Wir können Tausende oder Millionen von Konten erstellen, also brauchen wir eine Möglichkeit, sie zu verfolgen. In Bitcoin wird das englische Wort *"Wallet"* für jede Art von Gerät oder App verwendet, das deine Keys nachverfolgt. Es kann so simpel wie ein Blatt Papier, oder auch ein hochkomplexes Stück Hardware sein.

Der ursprüngliche Bitcoin-Code, der von Satoshi veröffentlicht wurde, enthielt bereits eine Software-Wallet. Diese Wallet generierte Adressen, speicherte die Schlüssel und wählte beim Ausgeben von Coins die passenden UTXOs aus, so dass man problemlos Bitcoins jeder beliebigen Stückelung versenden konnte.

Im Gegensatz zur Wallet-App deiner Bank, die normalerweise in Form einer von deiner Bank produzierten Mobil- oder Webanwendung vorliegt, ist Bitcoin ein vollkommen offenes System. Daher gibt es Dutzende von Wallets, von denen die meisten kostenlos sind, viele davon sind auch Open Source, sowie ein halbes Dutzend Hardware-Wallet-Implementierungen, und weitere werden folgen. Jeder, der Programmierkenntnisse hat, kann sich theoretisch seine eigene Wallet bauen oder den Code einer Open-Source-Wallet lesen, um sicherzustellen, dass nichts daran faul ist.

Da der private Schlüssel das Einzige ist, was man für die Ausgabe der Coins benötigt, muss er sehr sicher aufbewahrt werden. Wenn jemand deine Kreditkarte stiehlt, kannst du die Firma anrufen und eine Betrugsanzeige einreichen und versuchen, dein Geld zurückzubekommen. Bei Bitcoin gibt es jedoch keinen Vermittler. Wenn jemand deinen Private-Key hat, kontrolliert er deine Coins, und es gibt niemanden, den du dann anrufen kannst.

Private-Keys sind auch besonders anfällig für den Verlust. Wenn du deine Wallet auf deinem Computer aufbewahrst und der Computer gestohlen wird oder Feuer fängt, hast du ein Problem. Wenn du die Best Practices von Bitcoin befolgst und bei jedem Zahlungseingang eine neue Adresse generierst, wird die sichere Aufbewahrung und Sicherung dieser privaten Schlüssel schnell zu einer Belastung.

Im Laufe der Zeit hat das Bitcoin-Ökosystem eine Reihe von Lösungen für dieses Problem entwickelt. Im Jahr 2012 wurde BIP32 (Bitcoin Improvement Proposal, ein Mechanismus zur Verbreitung von Ideen zur Verbesserung von Bitcoin) vorgeschlagen, um hierarchisch deterministische Wallets zu entwickeln. Die Idee dahinter ist, dass wir mit nur einer einzigen

Zufallszahl, einem so genannten *Seed,* kontinuierlich zahlreiche Schlüsselpaare generieren können, die Bitcoin-Adressen und private Schlüssel für diese repräsentieren.

Wenn du heutzutage eine der allgemein verfügbaren Software- oder Hardware-Wallets benutzt, werden für jede Transaktion automatisch neue Keys für dich generiert, so dass du nur einen einzigen Master-Key sichern musst.

Im Jahr 2013 kam BIP39 hinzu, um die Sicherung von Schlüsseln noch einfacher zu machen. Anstatt eine Zufallszahl zu verwenden, werden die Schlüssel stattdessen aus einer zufälligen Kombination von menschenlesbaren englischen Wörtern generiert. Hier ist ein Beispiel-Seed:

> *witch collapse practice feed shame open*
> *despair creek road again ice least*

Mit dieser Methode wurde das Sichern der Keys sehr einfach: Man kann den Seed auf ein Stück Papier schreiben und in ein Bankschließfach legen. Man kann sich den Satz sogar einprägen und aus einem gescheiterten Wirtschaftsregime wie Venezuela mit leeren Händen herauslaufen, ohne dass jemand weiß, dass man sein Vermögen im Kopf hat.

Darüber hinaus kann eine Bitcoin-Adresse mehr als einen Private-Key für den Zugriff benötigen. Multisignatur- oder *Multisig-Adressen* können eine Vielzahl von Sicherheits-Schemata umfassen. Beispielsweise können sich zwei Personen ein Konto teilen, indem sie 1-von-2-Multisig verwenden, wobei beide Parteien Transaktionen signieren und Coins ausgeben können.

Ein 2-von-2-Multisig, bei dem beide Parteien Schlüssel für die Ausgaben liefern müssen, kann verwendet werden, um zu verhindern, dass eine einzelne Person die Kontrolle über ein Konto erhält, z.B. bei Geschäftspartnern.

Man kann ein einfaches Treuhand-System mit einem 2-von-3 Multisig erstellen. Der Käufer erhält einen Key, der Verkäufer einen weiteren und ein dritter Key wird an einen neutralen Schiedsrichter übergeben. Wenn Käufer und Verkäufer einverstanden sind, können sie die Coins gemeinsam entsperren. Im Falle einer Streitigkeit kann der Schiedsrichter gemeinsam mit einer der beiden Parteien handeln, um die Gelder freizuschalten.

Um sich vor dem Verlust von Keys zu schützen, kann man ein 3-von-5-Multisig-Schema verwenden, bei dem man bis zu 2 der 5 Schlüssel verlieren darf und das Konto dennoch entsperrt werden kann. Man kann zwei der Schlüssel an verschiedenen Orten aufbewahren, zwei bei verschiedenen vertrauenswürdigen Freunden, die sich nicht kennen, und einen bei einem spezialisierten Verwahrungsdienst wie BitGo, der die Transaktionen mitsigniert, was den Diebstahl der Bitcoin sehr schwierig macht und zugleich vor dem Verlust der Keys schützt.

Man kann sogar noch weiter gehen und mit Hilfe von Programmier-Konstrukten, wie z.B. bedingten Anweisungen ("wenn dies, dann das"), Adressen erstellen, die durch ziemlich komplexe Bedingungen freigeschaltet werden. Man könnte sogar Coins in einer Adresse einsperren, die erst in 10 Jahren zugänglich ist, und nicht einmal man selbst als Ersteller einer solchen Adresse kann seine Meinung und damit den Code ändern, um diese Coins vorzeitig zu verwenden.

Es gibt immer mehr Lösungen mit teilweiser Verwahrung, die von Unternehmen wie Casa und Unchained Capital angeboten werden und dabei helfen, Keys sicher aufzubewahren. Im Gegensatz zu einer Bank, die dein Konto einfrieren kann, fungieren diese Lösungen mit teilweiser Verwahrung als Backup oder vertrauenswürdige Co-Signatur, aber sie können ohne deine Schlüssel nicht selbst deine Coins abheben. Die Wallet-Software wird ständig weiterentwickelt, da sie im Gegensatz zur App deiner Bank keine Genehmigung von irgendjemandem erfordert. Daher gibt es immer mehr Neuanbieter und immer mehr Innovationen.

Das ist äußerst tiefgreifend und weltverändernd. Nie zuvor war es möglich, sein Vermögen auf eine Weise zu verwahren, die vollkommen sicher vor Beschlagnahme oder Diebstahl ist.

---

1. Die Inspiration für diesen Abschnitt kam von einem ausgezeichneten Medium-Post, der die Wahrscheinlichkeiten einer Vielzahl von Ereignissen detailliert aufzeigt. Ich empfehle die Lektüre des gesamten Beitrags wegen des Kontextes: https://medium.com/@kerbleski/a-dance-with-infinity-980bd8e9a781
2. https://en.bitcoin.it/wiki/CoinJoin

8 | Wer macht die Regeln?

Wir haben jetzt ein funktionelles dezentrales System, um den Überblick zu behalten und Werte zu übertragen. Überprüfen wir, was wir bis jetzt erreicht haben:

1. Ein verteiltes Ledger, von dem jeder Teilnehmer eine Kopie besitzt.
2. Ein Lotteriesystem, das auf Proof of Work und der Schwierigkeitsanpassung basiert, um das Netzwerk vor Manipulationen zu schützen und den Ausgabeplan konsistent zu halten.
3. Ein Konsensus-System, das sicherstellt, dass jeder Teilnehmer die gesamte Historie der Blockchain für sich selbst validieren kann, indem er eine Open-Source-Software, den sogenannten Bitcoin-Client, verwendet.
4. Ein Identitätssystem mit digitalen Signaturen, das die willkürliche Erstellung von kontoähnlichen Briefkästen ermöglicht, die Coins erhalten können, ohne dass es eine zentrale Instanz benötigt.

Jetzt ist es an der Zeit, eines der interessantesten und am wenigsten intuitiven Dinge über Bitcoin in Angriff zu nehmen. Woher kommen seine Regeln, wie werden sie durchgesetzt und wie können sie sich im Laufe der Zeit ändern?

Die Bitcoin Software

In den vorangegangenen Kapiteln sind wir davon ausgegangen, dass jeder im Netzwerk die gleichen Regeln anwendet: sie lehnen Doppelausgaben ab und stellen sicher, dass jeder Block die entsprechende Menge an Proof of Work enthält, dass jeder aktuelle Block auf den vorherigen Block verweist und dass jede Transaktion in jedem Block korrekt vom Eigentümer seiner Adresse signiert ist, neben einer ganzen Reihe anderer Dinge, denen die Leute im Laufe der Zeit zugestimmt haben.

Wir haben auch gesagt, dass Bitcoin eine Open-Source-Software ist. Open Source bedeutet, dass jeder den Code einsehen kann, und dass jeder seine eigene Kopie mit beliebigem Code aktualisieren oder ergänzen kann. Wie werden also Änderungen in Bitcoin übernommen?

Bitcoin ist ein *Protokoll*. In der Computersoftware bezieht sich dieser Begriff auf eine Reihe von Regeln, denen die Software folgt. Solange man jedoch die Regeln befolgt, die alle anderen befolgen, kann man seine Software nach Belieben ändern. Wenn wir sagen, dass Leute „Bitcoin-Nodes laufen lassen", meinen wir in Wirklichkeit, dass sie Software ausführen, die das Bitcoin-Protokoll spricht. Diese Software kann mit anderen Bitcoin-Nodes kommunizieren, Transaktionen und Blöcke an sie übertragen, andere Nodes entdecken, mit denen man sich austauschen kann, und so weiter.

Die tatsächlichen Details, wie man das Bitcoin-Protokoll umsetzt, sind der Wahl jedes Einzelnen überlassen. Es gibt viele Implementierungen des Bitcoin-Protokolls. Die populärste davon heißt Bitcoin Core und ist die Erweiterung des ursprünglich von Satoshi Nakamoto veröffentlichten Programms.

Es gibt auch andere Implementierungen, die in anderen Programmiersprachen geschrieben und von anderen Personen aktualisiert werden. Da der Konsens in Bitcoin entscheidend ist, d.h. alle Nodes müssen sich darauf einigen, welche Blöcke gültig sind und welche nicht, läuft auf der großen Mehrheit der Nodes die gleiche Bitcoin Core Software, um zufällige Fehler zu vermeiden, die dazu führen könnten, dass einige Nodes sich über die Gültigkeit nicht einig sind. Tatsächlich gibt es keine vollständige schriftliche Spezifikation des Bitcoin-Protokolls, so dass die beste Wahl für die Implementierung neuer Bitcoin-Client-Software darin besteht, den Originalcode zu lesen und sicherzustellen, dass man nicht davon abweicht, auch wenn er Fehler enthält.

Wer macht die Regeln?

Die Regeln, aus denen sich Bitcoin zusammensetzt, werden im Bitcoin Core-Client eingearbeitet. Aber wer entscheidet über diese Regeln? Warum behaupten wir, dass Bitcoin begrenzt ist, wenn doch jemand ganz einfach eine Änderung an der Software vornehmen kann, die die Grenze von 21 Millionen Bitcoin auf 42 Millionen erhöht?

Da es sich um ein dezentrales System handelt, müssen alle Netzknoten den Regeln zustimmen. Wenn du ein Miner bist und dich entscheidest, deine Software so zu ändern, dass du dir selbst doppelt so viel Prämie gewährst, wie die aktuelle Einstellung für die Blockprämie erlaubt, dann wird jeder andere Knoten im Netzwerk deinen Block ablehnen, wenn du ihn geschürft hast. Eine Änderung der Regeln ist extrem schwierig, weil es Tausende von Nodes gibt, die über die ganze Welt verteilt sind und von denen alle die Regeln von Bitcoin durchsetzen.

Das Governance-Modell von Bitcoin ist kontraintuitiv, insbesondere für diejenigen von uns, die in einer westlichen Demokratie leben. Wir sind es gewohnt, durch Abstimmungen zu entscheiden – die Mehrheit der Menschen kann sich entscheiden, etwas zu tun, ein Gesetz zu verabschieden und der

Minderheit ihren Willen aufzuzwingen. Aber das Governance-Modell von Bitcoin ähnelt vielmehr einer Anarchie als einer Demokratie.

Jede Person, die Bitcoin-Zahlungen akzeptiert, entscheidet selbst, was sie als Bitcoin betrachtet. Wenn jemand eine Software ausführt, die besagt, dass es 21 Millionen Bitcoins gibt, und man versucht, dieser Person Bitcoins zu senden, die von der eigenen betrügerischen Software produziert wurden, die dieses Limit überschreitet, dann werden die Coins als Fälschung erkannt und zurückgewiesen.

Lasst uns einen Blick auf die Akteure in der Bitcoin-Welt werfen, die als Kontroll- und Ausgleichsmechanismen aufeinander einwirken.

Nodes: Jeder Teilnehmer des Bitcoin-Netzwerks betreibt einen Node. Jeder Node wählt, welche Software auf diesem Knoten ausgeführt werden soll. Die meisten Nodes betreiben Bitcoin Core, die Hauptimplementierung des Bitcoin-Protokolls, das von Satoshi begonnen wurde und heute von Hunderten von unabhängigen Entwicklern und Unternehmen auf der ganzen Welt weiterentwickelt wird. Wenn diese Software-Implementierung bösartig würde und versuchen würde, so etwas wie Inflation einzuführen, würde sie niemand ausführen. Beispiele für Netzknoten sind solche, die von jedem betrieben werden, der Bitcoin akzeptiert: Händler, Börsen, Wallet-Anbieter und ganz gewöhnliche Menschen, die Bitcoin für jeden beliebigen Zweck verwenden.

Miner: Einige Nodes betreiben auch Mining, erschaffen Bitcoins, erfassen Transaktionen und machen es für jeden sehr teuer, das Ledger zu manipulieren. Wenn die Miner die einzigen sind, die in das Ledger schreiben, mag es vielleicht verlockend sein, sie als die Regelmacher zu betrachten, aber das sind sie nicht. Sie befolgen einfach nur die Regeln, die von den Nodes festgelegt wurden, die Bitcoins akzeptieren. Wenn die Miner anfangen würden, Blöcke zu produzieren, die eine zusätzliche Prämie für sie enthalten, würden sie von anderen Knotenpunkten nicht akzeptiert, was dazu führen würde, dass diese Coins wertlos sind. Somit ist jeder Benutzer, der einen Node betreibt, Teil einer anarchischen Regierung – jeder wählt aus, welchen Regeln die Coins, die seiner Meinung nach Bitcoin sind, folgen sollen, und jede Verletzung dieser Regeln wird von vornherein abgelehnt.

Nutzer/Investoren: Nutzer sind die Personen, die die Bitcoin-Währung kaufen und verkaufen sowie die Nodes betreiben. Einige Benutzer betreiben heute keinen eigenen Node, sondern verlassen sich auf einen Node, der von ihrem Wallet-Provider gehostet wird, wobei der Wallet-Provider als eine Art Stellvertreter für die Wünsche und Bedürfnisse des Benutzers fungiert. Die Benutzer bestimmen den Wert der Coins auf dem offenen Markt durch Angebot und Nachfrage. Selbst wenn die Miner und die Tauschbörsen zusammenarbeiten und eine Art radikale Veränderung wie etwa die Inflation einführen würden, würden die Nutzer die Währung wahrscheinlich dementsprechend abstoßen, was den Preis niedrig halten und die kriminellen Unternehmen aus dem Geschäft drängen würde. Darüber hinaus könnte eine intolerante Minderheit von Benutzern ihre eigene Version von Bitcoin am Leben erhalten, die noch immer den ursprünglichen Regeln folgen würde.

Entwickler: Die Bitcoin Core Software ist das beliebteste Bitcoin Client-Projekt. Es vereint ein reichhaltiges Ökosystem von Hunderten der besten Krypto-Entwickler und Firmen. Das Core-Projekt ist sehr konservativ, da die Software ein Netzwerk antreibt, das derzeit mehr als 100 Milliarden Dollar sichert. Jede Idee für eine größere Veränderung durchläuft einen Prozess, der als Bitcoin Improvement Proposal (Bitcoin-Verbesserungsvorschlag)[1] bezeichnet wird, und alle Code-Änderungen werden sorgfältig von Fachleuten überprüft. Der Prozess für Vorschläge und Code-Review wird komplett offen durchgeführt. Jeder kann beitreten, Kommentare abgeben oder Code einreichen. Wenn die Entwickler böswillig werden und etwas einführen, das niemand ausführen will, dann würden die Benutzer einfach andere Software ausführen. Vielleicht würden sie auf älteren Versionen bleiben oder etwas Neues entwickeln. Aus diesem Grund müssen die Core-Entwickler Änderungen ausarbeiten, die die Benutzer im Allgemeinen wünschen würden, oder sie riskieren, ihren Status als Referenz-Implementiererung zu verlieren, wenn niemand sie ausführen will.

Regeländerungen durch Forks

Hoffentlich hast du inzwischen einen guten Überblick darüber, wie die Bitcoin-Software die Regeln, denen die Leute zugestimmt haben, durchsetzt, und wie die Leute entscheiden können, welche Software sie ausführen, um die Regeln, an die sie glauben, auch tatsächlich durchzusetzen.

Die Miner bestimmen die Regeln, die sie bei der Produktion von Blöcken befolgen, aber sie müssen die Art von Blöcken produzieren, die die Nutzer wollen, oder sie riskieren, dass ihre Blöcke nicht akzeptiert werden und sie damit ihren Block-Reward verlieren.

Wir wissen auch, dass die Bitcoin-Software die umfassendste gültige kumulative Proof-of-Work-Chain als die einzig wahre Chain akzeptiert, und dass es aufgrund der Möglichkeit einer gleichzeitigen Blockproduktion manchmal zu Abspaltungen (Forks) kommt.

Aufgrund der großen Vielfalt der Teilnehmer des Netzwerks waren die Regeln von Bitcoin von Anfang an fast schon in Stein gemeißelt. Die einzigen Upgrades, die bisher an Bitcoin vorgenommen wurden, wurden rückwärtskompatibel durchgeführt, wobei die grundlegenden Konsensregeln für nicht aktualisierte Nodes aufrechterhalten wurden.

Lasst uns nun darüber sprechen, wie sich die Regeln ändern können. Ein absichtlicher Fork tritt dann ein, wenn einige Benutzer und/oder Miner entscheiden, dass sie mit den aktuellen Regeln von Bitcoin nicht einverstanden sind und die Regeln ändern wollen. Es gibt zwei Arten von regel-ändernden Forks, die in der Praxis aufgetreten sind: Soft-Forks, die rückwärtskompatibel sind, und Hard-Forks, die nicht rückwärtskompatibel sind. Gehen wir kurz durch, wie diese in der Theorie vorkommen, und schauen wir uns dann historische Beispiele an.[2]

Eine *Soft-Fork* ist eine rückwärtskompatible Änderung der Konsensregeln von Bitcoin, die die Regeln verschärft. Das bedeutet, dass, wenn man einen älteren Knoten ausführt, der nicht auf die neuen Regeln aktualisiert wurde, der Knoten die nach den neuen Regeln erzeugten Blöcke weiterhin als gültig ansieht. Schauen wir uns ein Beispiel an, um es zu verdeutlichen.

Am 12. September 2010 wurde eine neue Regel in die Software eingeführt: Blöcke dürfen höchstens 1MB groß sein. Diese Regel wurde eingeführt, um mit Spam in der Blockchain umzugehen. Vor dieser Regel waren alle Blöcke beliebiger Größe gültig. Mit der neuen Regel waren nur kleinere Blöcke gültig, also wurden die Regeln verschärft. Wenn ein alter Node lief und man kein Upgrade durchführte, waren die neuen kleineren Blöcke nach den Regeln immer noch gültig, so dass man nicht davon beeinträchtigt wurde.

Eine Soft-Fork ist eine störungsfreie Art und Weise, das System zu aktualisieren, da sie es den Node-Betreibern ermöglicht, freiwillig und mit der Zeit langsam auf die neue Software umzustellen. Wenn sie nicht aufrüsten, können sie immer noch alle eingehenden Blöcke wie bisher verarbeiten. Nur die Miner, die die Blöcke produzieren, müssen upgraden, um mit der Produktion von Blöcken nach den neuen Regeln zu beginnen. Sobald die Miner auf die 1MB-Soft-Fork umstellten, waren von diesem Zeitpunkt an alle Blöcke maximal 1MB groß. Benutzer, die alte Software-Versionen benutzten, hatten keinen blassen Schimmer.

Im Falle einer *Hard-Fork* wird eine nicht rückwärtskompatible Änderung eingeführt. Eine Hard-Fork ist eine Regelsatzerweiterung, bei der Blöcke, die ursprünglich ungültig waren, nun als gültig betrachtet werden. Alte Nodes, die nicht aktualisiert wurden, können die nach den neuen Regeln erzeugten Blöcke nicht verarbeiten, da sie diese für ungültig halten. Sie bleiben also auf der alten Chain hängen, wenn sie nicht auf die neuen Regeln aktualisieren.

Hard-Forks, die fast ausnahmslos von jedem Netzwerkknoten akzeptiert werden, würden keine Probleme verursachen. Jeder Node würde sofort auf die neuen Regeln umsteigen. Wenn einige Nachzügler zurückbleiben würden, bekämen sie keine neuen Block-Updates und würden theoretisch merken, dass ihre Software nicht mehr funktioniert und müssten ein Upgrade durchführen.

In der Praxis laufen Hard-Forks nie ganz reibungslos. In einem wirklich dezentralisierten, anarchischen System kann man nicht jeden zwingen, sich auf neue Regeln umzustellen. Im August 2017 waren einige Leute nicht glücklich darüber, wie die Bitcoin-Chain in Bezug auf preiswerte Zahlungen vorankommt. Sie beschlossen, dass sie eine Chain mit größeren Blöcken schaffen wollten. Bitcoin hatte eine Regel, nach der die Blöcke nicht mehr als 1MB groß sein durften. Dazu hatte es im Jahr 2010 eine Soft-Fork gegeben. Einige Leute wollten eine neue Chain mit größeren Blöcken erstellen. Diese Fork wurde als Bitcoin Cash bekannt.

Eine Hard-Fork wie Bitcoin Cash, die nicht von allen Minern und Nodes übernommen wird, schafft eine neue Blockchain. Diese Chain teilt sich die Historie mit der ursprünglichen Chain, einschließlich des vorhandenen UTXO-Sets (Kontostände) bis zum Zeitpunkt der Abspaltung. Ab dem Aufteilungspunkt handelt es sich jedoch bei den durch die Abspaltung erschaffenen Coins nicht mehr um Bitcoins, da sie von keinem Knoten im Bitcoin-Netzwerk akzeptiert werden.

Das Thema, was Bitcoin *ist* und was *nicht*, wurde im Jahr nach der Bitcoin-Cash-Fork heiß diskutiert. Es gab einige Leute auf der Bitcoin-Cash-Seite, die der Meinung waren, dass Bitcoin durch das definiert werden sollte, was in dem ursprünglichen Entwurfspapier geschrieben steht, das Satoshi vor zehn Jahren erstellte. Sie wählten bestimmte Wörter aus dem Bitcoin-Whitepaper aus, um ihren Standpunkt zu beweisen. Aber konsensorientierte Systeme funktionieren nicht durch Appelle an die Autorität. Sie funktionieren durch das kollektive Handeln vieler Individuen, einschließlich der Wahl, welche Software sie ausführen und welchen Coin sie auf dem offenen Markt kaufen oder verkaufen wollen.

Im Falle dieser Abspaltung wollten die Leute, die die große Mehrheit der Nodes betreiben – d.h. Wallets, Tauschbörsen, Händler und andere – ihre Software nicht gegen etwas austauschen, das von einem viel kleineren und weniger erfahrenen Entwicklungsteam unterstützt wird und von einer viel geringeren Menge an Hashrate gesichert wird. Auch waren die Leute nicht der Meinung, dass ein solches "Upgrade" die Zerrüttung des Ökosystems wert sei. Das Problem mit Hard-Forks ist, dass sie nur dann erfolgreich sind, wenn alle wechseln. Wenn es Nachzügler gibt, entstehen zwei Coins. So blieb Bitcoin Bitcoin, und Bitcoin Cash wurde zu einem separaten Coin. Da jeder, der Bitcoin vor der Abspaltung besaß, kostenlos Bitcoin Cash erhielt, verkauften viele Leute die Coins für "gratis Geld", was den Preis weiter nach unten trieb.

Heute gibt es Dutzende anderer Forks von Bitcoin, wie z.B. Bitcoin SV (wiederum eine Fork von Bitcoin Cash), Bitcoin Gold, Bitcoin Diamond und Bitcoin Private. Sie alle haben eine winzige Hashrate, die sie absichert, wenig Entwickleraktivität und fast keine Aktivität in der Chain und keine Liquidität im Handel. Ihr Mangel an Liquidität macht sie zu bevorzugten Zielen für Pump- und Dump-Versuche, was oft zu kometenhaften Preisanstiegen mit ebenso spektakulären und verheerenden Einbrüchen führt. Viele von ihnen waren Opfer von Wallet-Hacks, 51%-Attacken und anderen Desastern. Einige sind regelrechte Scams oder einfach nur ein Futter für die Zocker. Die meisten weisen einen gefährlich hohen Grad an Zentralisierung in einigen Aspekten ihres Designs auf. Die Website forkdrop.io verbucht derzeit 74 Bitcoin-Wannabes.

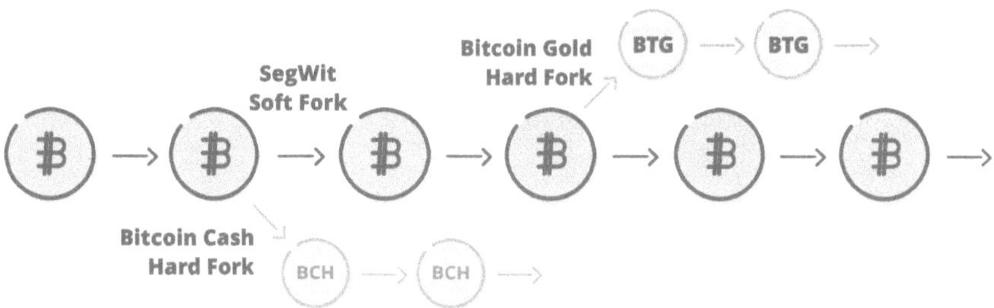

Coins von einer Soft-Fork können an ältere Nodes gesendet werden. Eine Hard-Fork produziert neue, nicht rückwärtskompatible UTXOs, die von alten Nodes nicht akzeptiert werden.

Viele weitere Coins verwenden einen ähnlichen Code, haben aber ihre Ledger von Grund auf neu begonnen, ohne den UTXO-Satz von Bitcoin zu übernehmen, wie z.B. Litecoin oder Dogecoin. Sie werden in der Regel nicht als Bitcoin-Forks betrachtet, obwohl sie einen Großteil desselben Codes verwenden, da sie nicht den gleichen Kontostandsverlauf haben.

Eine Bitcoin-Fork hat keinen Einfluss auf die ursprüngliche Limitierung von Bitcoin auf 21 Millionen Coins. Stell dir vor, du hättest alles Gold der Welt im extrem sicher konstruierten Fort Knox unter schwer bewaffneter Aufsicht gelagert. Dann baust du eine kleine, schlecht konstruierte Hütte, nennst sie Fort Knox Lite, und sicherst sie mit einer einzigen Wache. Du streichst einige Steine goldfarben an und legst sie in die Hütte. Dann verkündest du der Welt, dass du Gold "geforked" hast und dass du jedem Besitzer von Gold eine entsprechende Menge an kostenlosen Steinen in deiner Hütte ausgehändigt hast.

Wir brauchen viele Miner, die Bitcoin beschützen, so dass ein 51%-Angriff teuer wird. Eine Bitcoin-Fork, die nur wenige Miner hat, wie die schlecht bewachte Hütte, ist leicht anzugreifen. Der Code ist wahrscheinlich strukturell unsolide, da er von einem kleinen unerfahrenen Team von Entwicklern mit schlechter Begutachtung erstellt wurde, genau wie die Hütte. Geforkte Coins werden von keinem existierenden Node akzeptiert, weil sie gegen die Regeln von Bitcoin verstoßen. Ebenso würden Leute, die chemische Tests mit Gold durchführen lassen, keine goldbemalten Steine akzeptieren. Die Kosten für die Herstellung der abgespaltenen Coins und Steine sind gleich Null, da sie jedem Besitzer kostenlos zur Verfügung gestellt wurden. Dies limitiert das Interesse des Marktes an Bitcoin-Forks.

Wenn man die Tausenden von Bitcoin-Klonen betrachtet, von denen keiner einen signifikanten Marktwert hat, denkt man über folgendes Paradoxon nach: Die Herstellung von Bitcoin-Forks ist kostenlos und einfach. Allerdings ist es alles andere als einfach, die Regeln von Bitcoin zu ändern oder neue Bitcoins zu erzeugen. Wenn du das nächste Mal jemanden mit begrenzten Bitcoin-Kenntnissen fragen hörst, warum Bitcoin etwas Spezielles ist, antworte damit.

Die dezentrale Natur des Bitcoin-Ökosystems schafft eine starke Präferenz für den Status quo. Große Veränderungen erfordern Monate oder Jahre der Konsensbildung, Diskussion und Peer-Reviews, um sie umzusetzen. Das ist eine gute Sache und etwas, das wir uns von einem System wünschen sollten, das darauf abzielt, globales Geld zu sein. Bitcoin ist ein heikler Tanz zwischen Tausenden von Teilnehmern, die alle egoistisch handeln, oft mit konkurrierenden Bedürfnissen. Es ist ein wahrhaft marktwirtschaftlich-anarchistisches System, in dem niemand konkret das Sagen hat.

1. Mehr darüber, wie der Entwicklungsprozess von Bitcoin Core gehandhabt wird, findet sich in *Who Controls Bitcoin Core?* von Jameson Lopp: https://medium.com/@lopp/whocontrols-bitcoin-core-c55c0af91b8a
2. Eine vollständige Historie von regeländernden Bitcoin-Forks wird hier analysiert https://blog.bitmex.com/bitcoins-consensus-forks/

9 | Wie geht es weiter?

Ist Bitcoin das MySpace der Kryptowelt?

Warum habe ich ein Buch über Bitcoin geschrieben, wenn ich über das Krypto-Ökosystem im Allgemeinen hätte schreiben können? Gibt es nicht Tausende anderer Coins? Was macht Bitcoin so besonders, abgesehen davon, dass es die erste dezentralisierte Kryptowährung ist? Ist Bitcoin nicht langsamer und weniger funktionsreich als all die neueren Konkurrenten?

Dies wird oft von Leuten gefragt, die neu im Bereich Bitcoin sind. Nachdem man die Grundlagen der Funktionsweise von Bitcoin verstanden hat, ist die nächste logische Frage meist: „Die Blockchain-Technologie klingt interessant. Woher wissen wir, dass nicht plötzlich eine bessere Krypto-Version auftaucht und Bitcoin in das MySpace (gescheitertes soziales Netzwerk) der Kryptos verwandelt?"

Ein Moat (Wallgraben) ist ein Wettbewerbsvorteil, den ein Unternehmen aufbaut und der neue Marktteilnehmer daran hindert, leicht in Konkurrenz zu treten. Für MySpace war dieser Graben eine riesige Nutzerbasis mit

Freundschaftsbeziehungen. Die Leute würden keine konkurrierenden Dienste nutzen, wenn ihre Freunde nicht bereits dort wären. Aber so groß ein solcher Graben eines bestehenden Netzwerkes auch ist, so war es doch nicht genug, um Facebook in nur wenigen Jahren davon abzuhalten, Myspace zum Frühstück zu verspeisen.

Der Wallgraben von Bitcoin ist viel, viel größer als der von MySpace. Um das zu verstehen, werden wir untersuchen, was es für einen Bitcoin-Konkurrenten erfordern würde, Bitcoin zu verdrängen.

Ein Konkurrenzsystem muss ein verkäuflicheres und liquideres Geld sein.

Als erstes muss man verstehen, dass der Vergleich MySpace vs. Facebook schlecht ist, weil man kostenlos ein Konto bei MySpace und Facebook gleichzeitig haben kann. Das haben tatsächlich viele Leute in der Übergangsphase von dem einen zum anderen getan. Sobald die kritische Masse auf Facebook erreicht war, hörten die Leute auf, MySpace zu nutzen.

Aber so funktioniert Geld nicht. Wenn man Bitcoin im Wert von einem Euro besitzt, ist das ein Euro an Wert, die man nicht in einem anderen Coin besitzt. Man muss eine bewusste Entscheidung treffen, eine Währung für eine andere zu verkaufen. Man kann nicht den gleichen Wert in beiden gleichzeitig speichern. Jetzt fragt man sich: Warum sollte man etwas anderes als die liquideste, am meisten akzeptierte Währung halten? Die Antwort ist ganz einfach: weil man Spekulation betreiben will. Wenn man nicht die gesamte Wirtschaft um sich herum so manipulieren kann, dass alle anderen auch den anderen Coin halten können, gibt es keine Möglichkeit, dass dieser vorherrschend genutzt wird.

Die Liquidität von Bitcoin liegt weit über der seiner Konkurrenten. Laut https://messari.io/onchainfx liegt die Marktkapitalisierung von Bitcoin heute bei etwa 180 Milliarden US-Dollar. Der nächstgrößte Wettbewerber, Ethereum, hat nur eine Marktkapitalisierung von 30 Milliarden Dollar. Dies zeigt noch nicht einmal die wahre Liquidität, wenn man sich anschaut, wie viel man wirklich verkaufen könnte, bevor der Preis deutlich abfällt.

Die Liquidität ist wie ein Schneeball. Das liquideste Geld zu halten, bedeutet, dass andere Menschen es haben wollen, und das führt zu mehr Liquidität. Wenn man etwas anderes als das liquideste Geld hält, dann bestraft man sich selbst aktiv, während man darauf wartet, dass alle anderen dasselbe tun. Die ökonomischen Anreize richten sich nicht zugunsten einer plötzlichen Verlagerung der Liquidität zu einer konkurrierenden Währung.

Es muss nachweislich über zehn Jahre hinweg einen Wert von über 100 Mrd. Dollar sicher verwahren können.

Aufgrund der Umstände konnte Bitcoin von einem wertlosen Internet-Geek-Experiment, das niemanden interessierte, über den Kauf einer Pizza für 10.000 Bitcoins bis zu einem Höchstpreis von 18.000 € pro Bitcoin heranwachsen. All dies geschah relativ leise, ohne dass ihm jemand im Nacken saß. In dieser Zeit baute Bitcoin nach jahrelangen Angriffen ein erstklassiges Immunsystem auf und entwickelte das weltweit größte Netzwerk von Hash-Power. Über zehn Jahre lang war es bisher unmöglich, das System zu hacken. Stattdessen war Bitcoin in der Lage, mehr als 100 Milliarden Dollar zu sichern.

Es ist fast unmöglich, heute in aller Ruhe eine neue Kryptowährung einzuführen. Die Katze ist aus dem Sack, und alle Tricks sind bekannt. Schauen wir uns eine alternative Blockchain an, EOS, die bei der Einführung etwa 10 Mrd. US-Dollar und heute etwa die Hälfte davon wert ist. Sie wurde zwei Tage nach dem Start aufgrund von Fehlern im Code eingefroren. Diese Fehler wurden innerhalb von Stunden mit minimaler Überwachung oder Überprüfung gepatcht. Würdest du 100 Milliarden Dollar in ein solches Netzwerk investieren? Vielleicht wird es EOS in 10 Jahren noch geben, aber bis dahin wird Bitcoin 20 Jahre alt sein und einen Wert von Billionen sichern.

Es muss Angriffe von bestehender Hash-Power abwehren können.

Angesichts der Tausenden von sonstigen Coins, die mit Dutzenden von Hash-Algorithmen arbeiten, sind alle neuen Coins durch eine 51%-Attacke der bestehende Hash-Power bedroht. Dies ist bei Bitcoin Gold und einigen anderen Coins bereits geschehen.

Ein neuer Wettbewerber muss Angriffe mit der vorhandenen Hash-Power überleben oder einen Algorithmus verwenden, der keine spezialisierten ASICs nutzt. Wenn es keine ASICs gibt, kann das System leicht angegriffen werden, indem man handelsübliche GPUs mietet, die weit verbreitet sind. Ein Konkurrent kann auch nicht damit beginnen, eine große Menge an Wert zu sichern, wie es EOS am ersten Tag tat, was unüberlegt ist und beste Voraussetzungen bietet, um in ein zentralisiertes Patching-Verhalten zu verfallen. Das bedeutet also, dass der Konkurrent auch kein Geld einsammeln kann, sondern eher einen fairen Start, ähnlich wie bei Bitcoin, durchführen und langsam im Wert wachsen muss, so dass er sein Sicherheitsmodell proportional aufbauen kann. Wenn er jedoch langsam wächst, kann er aufgrund des Zeitverlaufs nicht an die Nutzerbasis und die Liquidität von Bitcoin herankommen.

Es muss stark dezentralisiert sein.

Ein großer Teil des Sicherheitskonzeptes von Bitcoin ist auf einen hohen Grad an Dezentralisierung zurückzuführen. Das bedeutet, dass das Protokoll nur schwer zu ändern ist und man sich daher darauf verlassen kann, dass es die in seinem Kodex versprochenen Eigenschaften einhält (feste Geldmenge usw.). Diese Eigenschaft wurde unter Beweis gestellt, als eine große Anzahl von Unternehmen und Minern zusammenkamen und eine Änderung der Blockgröße vorantreiben wollten, um das Protokoll in eine bestimmte Richtung zu lenken.[1] Ihre Fork wurde von den Nutzern abgelehnt und scheiterte spektakulär.

Ein stark dezentralisierter Konkurrent würde grundsätzlich alle Unternehmen oder Teams ausschließen, die von bekannten Personen gegründet werden, da dies eine zentrale Voraussetzung für das Scheitern und die Einflussnahme schafft. Er würde auch alle Coins ausschließen, die bereit sind, “schnell zu handeln und Dinge kaputt zu machen“ (Ethereums “move fast and break things“), da man das nur tun kann, wenn man zentralisiert ist. Jeder Konkurrent handelt entweder schnell und wird zentralisiert, oder er bewegt sich langsam und kann niemals aufholen.

Es muss die besten Entwickler der Welt anziehen.

Ähnlich wie Linux einen Wirbelsturm von Aktivitäten geschaffen hat, der andere Unix-ähnliche Systeme daran hinderte, zu konkurrieren, tat es auch Bitcoin. Jeden Tag wächst diese Community, und neue Unternehmen werden auf Bitcoin aufgebaut und bieten neue Dienstleistungen an. Ein Konkurrent muss einem exponentiell wachsenden Kern, zu dem Dutzende von Unternehmen, Bildungsprogrammen und Konferenzen gehören, den Anteil an Entwicklern stehlen.

Es muss ein weltweites Finanznetzwerk aufbauen.

Bitcoin wird von hunderten von Handelsplätzen weltweit geführt, über Futures und andere Finanzderivate bei großen Akteuren wie der Chicago Mercantile Exchange gehandelt, von hunderten von Hedge-Fonds und Trading Desks sowie von einem Netzwerk von Personen gehalten, die Bitcoin bereits als Alternative zu gescheiterten Währungen wie dem venezolanischen Bolivar einsetzen. All diese Dinge müssten für einen Bitcoin-Konkurrenten aufgebaut werden, um Bitcoin zu verdrängen.

Institutionen wie die Chicago Mercantile Exchange werden nicht jeden neuen Konkurrenten auflisten, wenn nicht große Handelsvolumina dieses Listing rechtfertigen. Sie müssten die Unternehmen überzeugen, diesen neuen Wettbewerber anstelle von Bitcoin zu akzeptieren. Ein Konkurrent, der wahrscheinlich weniger sicher und liquide ist, weniger kompetente Entwickler hat und per Definition weltweit weniger angenommen wird. Das ist ein steiler Hügel, den es zu erklimmen gilt.

Es muss ein solideres Geld sein.

Es gibt ein grobes Missverständnis darüber, dass Bitcoin eine schnelle und billige Möglichkeit sein soll, Geld zu senden. Das kann natürlich nicht der Fall sein, wenn es auf den Grundlagen eines weltweit replizierten Ledgers beruht. Der primäre und tatsächlich gezeigte Anwendungsfall von Bitcoin als zensurresistentes solides Geld und Wertspeicher wächst jedoch zunehmend.

Alles andere, wie z.B. die Senkung der Überweisungskosten, ist im Grunde ein Sahnehäubchen. Die meisten Möchtegern-Konkurrenten denken immer noch, dass sie das Problem der schnellen Zahlungsabwicklung, das bereits von Dutzenden zentralisierter Unternehmen weltweit gelöst wird, ziemlich gut gelöst haben. Und es wird tatsächlich auch durch das schnell wachsende Lightning Network auf der Basis von Bitcoin gelöst.

Der Wettbewerb an der Front des soliden Geldes erfordert vor allem ein Engagement für Dezentralisierung und Eigenschaften, die wirklich schwer zu ändern und anzugreifen sind. Und so können andere Coins an dieser Front nicht mithalten, da sie typischerweise von zentralisierten Teams mit Gewinnstreben aufgebaut werden und nicht aus einem glücklichen Zufall eines langsam wachsenden Ökosystems heraus entstanden sind, das von Cypherpunks aufgebaut wurde.

Zukünftige Entwicklungen bei Bitcoin

Wir haben nun das Protokoll komplett entwickelt und erfunden. Jetzt schauen wir in die Zukunft und behandeln einige der bevorstehenden Verbesserungen, die auf Bitcoin zukommen werden.

Bitcoin ist ein programmierbares Geld, auf dem wir viele Dienstleistungen aufbauen können. Dies ist ein völlig neues Konzept, und wir fangen erst an, an der Oberfläche des Möglichen zu kratzen.

Lightning Network

Bitcoin hatte in der Vergangenheit Probleme mit hohen Transaktionsgebühren, da die Nachfrage nach Blockspeicherplatz immer größer wurde. Heute ist Bitcoin lediglich in der Lage, etwa 3 bis 7 Transaktionen pro Sekunde durchzuführen, basierend auf der Anzahl der Transaktionen, die in einen Block passen; man darf jedoch nicht vergessen, dass jede Transaktion tatsächlich eine Zahlung an hunderte von Personen per Batching sein kann. Dennoch reicht die Kapazität nicht aus, um ein globales Zahlungsnetzwerk zu werden.

Eine naive Lösung könnte darin bestehen, die Blockgröße zu erhöhen, und in der Tat haben mehrere konkurrierende Währungen, einschließlich Bitcoin Cash, diesen Ansatz versucht. Bitcoin geht diesen Weg jedoch nicht, weil eine Erhöhung der Blockgröße negative Auswirkungen auf die Dezentralisierungsmerkmale wie die Anzahl der Nodes und deren geografische Verteilung hätte. Selbst wenn eine Erhöhung der Blockgröße aufgrund von Verbesserungen bei der Hardware möglich wäre, gibt es auch das Problem, dass die dezentrale Natur von Bitcoin bedeutet, dass eine Hard-Fork, die versucht, die Blockgröße zu ändern, eine Menge Schwierigkeiten verursachen würde, und wahrscheinlich eine weitere komplette Abspaltung in einen anderen Coin mit sich bringen würde.

Eine Erhöhung der Blockgröße würde auch nicht wirklich das Problem lösen, Bitcoin als weltweites Zahlungssystem geeignet zu machen – es wäre einfach nicht so stark skalierbar. Nun kommt das Lightning Network ins Spiel: ein weiteres Protokoll und eine Reihe von Software-Implementierungen, die Off-Chain-Bitcoin-Transaktionen erzeugen, die periodisch in der Blockchain abgerechnet werden. Das Lightning Network könnte das Thema eines ganzen Buches sein, aber wir werden es nur kurz besprechen.

Die Idee von Lightning ist, dass nicht jede Transaktion in der Blockchain aufgezeichnet werden muss. Wenn du und ich zum Beispiel in einer Bar sind und Drinks kaufen, können wir eine Rechnung öffnen und erst am Ende des Abends begleichen. Es macht nicht wirklich Sinn, dass wir unsere Kreditkarte für jedes Getränk belasten, da dies Zeitverschwendung ist. Bei Bitcoin ist die Nutzung der Energie, die der eines ganzen Landes entspricht, wenn man den Kauf eines Kaffees oder Bieres quittiert und diesen Kauf für alle Zeit auf Tausenden von Computern auf der ganzen Welt aufzeichnet, weder skalierbar noch besonders gut für die Privatsphäre.

Wenn das Lightning Network erfolgreich ist, wird es viele der Nachteile von Bitcoin verbessern:

- Praktisch unbegrenzter Transaktionsdurchsatz. Hunderttausende von Mikro-Transaktionen könnten durchgeführt und einmalig als Endabrechnung an die Bitcoin-Blockchain übergeben werden.
- Sofortige Bestätigungen; kein Warten auf das Mining von Blöcken.
- Hundertstel-Cent-Transaktionsgebühren, die sich für Micropayments eignen, wie z.B. die Zahlung eines Cent für das Lesen eines Blogs.
- Erhöhte Privatsphäre. Nur die an der Transaktion beteiligten Parteien müssen davon wissen, im Gegensatz zu einer On-Chain-Transaktion, die in die ganze Welt übertragen wird.

Lightning verwendet ein Konzept von Zahlungskanälen, bei denen es sich um echte On-Chain-Bitcoin-Transaktionen handelt, wobei eine bestimmte Menge an Bitcoin gesperrt und innerhalb des Lightning Network für eine sofortige, nahezu kostenlose Übertragung verfügbar gemacht wird. Das Lightning Network befindet sich in einem frühen Stadium, ist aber bereits vielversprechend. Unter https://yalls.org/ kannst du dir eine Website ansehen, die auf Lightning basierende Micropayments für Artikel verwendet.

Bitcoin im Weltraum

Bitcoin leistet ausgezeichnete Arbeit, zensurresistent zu sein, da es gegen Beschlagnahmung (man kann es in seinem Kopf mitführen) und gegen Zensur der Übertragung resistent ist, da es nur einen ehrlichen Miner im Netzwerk benötigt, um deine Transaktionen zu tätigen (und du kannst sogar selbst Minen, wenn du es wünscht).

Da Bitcoin jedoch über das Internet übertragen wird, ist es anfällig für Zensur auf Netzwerkebene. Autoritäre Regime, die gegen Bitcoin-Aktivitäten vorgehen wollen, könnten versuchen, den Bitcoin-Traffic in ihr Land hinein und aus ihrem Land heraus zu blockieren.

Das Blockstream-Satellitennetzwerk ist der erste Versuch, die staatliche Netzwerkzensur zu umgehen und auch entlegene Gebiete zu erreichen, die möglicherweise keine Verbindung zum Internet haben. Dieses Satellitensystem ermöglicht es jedem, der eine Antenne und relativ preiswerte Ausrüstung hat, sich mit der Bitcoin-Blockchain zu verbinden und sie herunterzuladen, bald sogar auch mit bidirektionaler Kommunikation. Es gibt inzwischen auch Bestrebungen wie TxTenna zum Aufbau von Mesh-Netzwerken außerhalb des Internets. In Verbindung mit einer Satellitenverbindung wäre diese Art von Konfiguration nahezu unaufhaltbar.

Weitere Forschung

Das ist es also. Du hast die Übung, Bitcoin zu entdecken, durchlaufen und hast hoffentlich genauso viel Begeisterung für dieses Thema entwickelt wie ich, und bist nun bereit für weitere Recherchen. Wie geht es jetzt weiter? Hier sind ein paar Ressourcen, die dir bei der weiteren Erforschung helfen sollen:

Um mehr über die wirtschaftlichen Aspekte hinter Bitcoin zu erfahren:

- *Der Bitcoin-Standard* von Saifedean Ammous
- *Bitcoin Investment Thesen* von Pierre Rochard https://medium.com/@pierre_rochard/bitcoin-investment-thepart-1-e97670b5389b
- *Das bullische Argument für Bitcoin* von Vijay Boyapati https://medium.com/@danielschnurr089/das-bullische-argument-für-bitcoin-9665e9375727
- Für Kinder: *Bitcoin-Geld* von Michael Caras

Um tiefer in die Informatik einzusteigen:

- *Das Bitcoin-Whitepaper* von Satoshi https://bitcoin.org/bitcoin.pdf, auch auf Deutsch: https://www.bitcoin.de/de/bitcoin-whitepaper-deutsch-html
- *Mastering Bitcoin* von Andreas Antonopoulos
- *Programming Bitcoin* von Jimmy Song
- Jimmy Song's Seminar unter https://programmingblockchain.com

Um die Geschichte und Philosophie von Bitcoin zu vertiefen:

- *Bitcoins Anpflanzung* von Dan Held https://medium.com/@danielschnurr089/bitcoins-anpflanzung-71ea533b89c5
- *Bitcoin-Governance* von Pierre Rochard https://medium.com/@pierre_rochard/bitcoin-governance-37e86299470f
- *Bitcoin Past and Future* by Murad Mahmudov https://medium.com/adaptivecapital/bitcoin-past-and-future-45d92b3180f1
- Jedes Video von Andreas Antonopoulos, insbesondere *Currency Wars* and *The Monument of Immutability*, unter https://www.youtube.com/user/aantonop

Ein großer Teil des Bitcoin-Ökosystems lebt auf Twitter. Hier ist eine Handvoll Leute in keiner bestimmten Reihenfolge, denen man folgen kann. Fang' hier an und mach dich auf den Weg:

@lopp
@pwuille
@adam3us
@danheld
@TraceMayer
@pierre_rochard
@bitstein
@theonevortex
@AlenaSatoshi
@WhatBitcoinDid
@stephanlivera
@TheBlock__
@TheLTBNetwork
@real_vijay
@jimmysong
@Excellion
@starkness
@dickerson_des
@roasbeef
@saifedean
@Melt_Dem
@_jillruth
@giacomozucco
@Snyke
@aantonop
@MustStopMurad
@peterktodd
@dergigi
@skwp (das bin ich)
@aprycotmedia (deutscher Verlag)

Mehr über meine Arbeit findet man unter yanpritzker.com. Wir sehen uns auf der anderen Seite.

---

1. Mehr über die sogenannte Segwit2X-Fork, die durch Hinterzimmerabsprachen geplant und anschließend zurückgerufen wurde, lesen Sie hier: https://bitcoinmagazine.com/articles/now-segwit2x-hard-fork-has-really-failed-activate

Danksagungen

Ich danke den vielen Menschen, die mir während der ersten Entwürfe dieses Buches Feedback gegeben haben; insbesondere: Joe Levering, Phil Geiger, Yury Pritzker, Jonathan Wheeler, Walter Rosenberg, Michael Santosuosso und David Harding.

Vielen Dank an Jimmy Song für das Programming Blockchain Seminar, das mir den schnellen Tritt in den Hintern gab, den ich brauchte, um diesen Text zusammenzustellen.

Über den Autor

Yan Pritzker war in den letzten 20 Jahren als Entwickler und Startup-Unternehmer tätig. Zuletzt war er Mitbegründer und CTO von Reverb.com, wo er von 2012-2018 die Technologie und Infrastruktur leitete. Heute konzentriert er sich auf die Bitcoin-Bildungsarbeit und die Beratung von Start-ups in der frühen Phase.

Yan schreibt über Bitcoin und damit verbundene Themen auf yanpritzker.com.

Du kannst ihm auch auf Twitter folgen: @skwp

saifedean
ammous
der bitcoin
standard
die dezentrale
alternative zum
zentralbankensystem
der bitcoin
standard
der bitcoin
standard

Dankeschön von Aprycot Media!

Vielen Dank für den Kauf dieses Buches! Wir freuen uns über dein Interesse am Geldsystem von Morgen.

Für Online-Artikel und viele weitere hilfreiche Links schau einmal auf den folgenden Seiten vorbei:
www.aprycot.media/thek, https://bitcoinready.de/, https://blockinfo.ch

Für weitere spannende Bücher zum Thema, statte uns einen Besuch ab auf: www.aprycot.media oder suche in den gängigen Online-Shops und Buchhandlungen. Die eBook-Versionen findest du auf allen gängigen Plattformen wie Amazon, Apple uvm.

Wenn du tiefer in die Historie von Geld und die mögliche Rolle von Bitcoin in der Zukunft eintauchen willst, hol' dir den Klassiker "Der Bitcoin-Standard" von Saifedean Ammous. In unserem *Shop*, oder auf Amazon.

Finde Aprycot Media auch auf Twitter, Facebook und Instagram.